女性と定年

日本総合研究所
小島明子
KOJIMA AKIKO

JN015523

一般社団法人**金融財政事情研究会**

はしがき

　1986年に施行された男女雇用機会均等法（雇用の分野における
男女の均等な機会及び待遇の確保等に関する法律）は、多くの新卒
女性が総合職として採用されるきっかけとなりました。当時の職
場は、長時間労働が前提で、仕事と子育ての両立も大変難しい環
境でした。しかし、そのような環境下でも働き続けてきた女性に
は、女性初の役員や管理職として登用され活躍している人も少な
くありません。今や、彼女たちの多くが、定年を意識し始める年
齢となっています。定年前後のキャリアの問題は、今まで生きて
きた時間の多くを仕事に費やしてきた男性特有の問題として捉え
られていましたが、今後は、同じ悩みを抱える女性も増えること
が予想されます。

　ここ数年は、世界情勢や経済環境が激変し、将来を見通すこと
がますます難しい社会になっていると感じます。従来にも増して
不確実な時代の中で、定年前後のキャリアを考え始めた女性が、
自身を取り巻く環境の変化を前向きに受け止め、自分らしいキャ
リアシフトを実現していくために役立つ書籍をつくりたいという
筆者と、趣旨に賛同をいただいた編集者の思いから本書の出版が
実現しました。40代半ばである筆者にとっても女性の定年問題は
まさに自分事でした。自分が知りたいこと、考えていること、悩
んでいることに対する答えを探しながら完成させました。

　現在、日本では人的資本という言葉が大きな注目を浴び、人へ
の投資を積極的にしていこうという政府や企業の意欲が高まって

います。さらに、新型コロナウイルス感染症の発症を機に、副業・兼業の解禁、ジョブ型制度、リモートワークなどが進み、今後も社会全体で多様な働き方はますます進むことが想像されます。一方で、私たちは、働きやすさというメリットを享受することとの引換えに、一人一人が勤め先内外含めどのような成果を出せる人材であるのか、また、今後どのような仕事をして人生を生きていきたいのか、といった確固たるキャリアの軸を持つことが求められるという厳しさにも直面しています。

　本書では、定年問題を視野に入れた上で、単にお金の問題だけではなく将来のキャリアを考えるきっかけとなる内容としました。第1章では、これから定年を迎える女性の現状について整理し、第2章では、定年を意識した女性が直面するお金の問題を中心に、知っておくべき金融知識や国の制度等について網羅的かつわかりやすく解説しています。第3章では、先輩女性たちのインタビュー内容を踏まえ、キャリアシフトのストーリーを紹介しています。第4章では、定年のことを意識し始めた女性に向けたメッセージを通じて、自身のキャリアを考えるという流れで構成しています。本書を通じて、読者の皆様が歳をとることや、将来に対する不安を減らし、自分らしいキャリアを切り開くためのきっかけとなれば幸いです。

　本文中のインタビューにご協力いただいた近畿大学経営学部准教授Ph.D（経済学）松原光代氏、三井住友トラスト・ホールディングスサステナビリティ推進部長　稲葉章代氏、みらいワークス広報　石井まゆみ氏、匿名でインタビューにご協力をいただきました方々、結婚相談所パートナーエージェント成婚コンシェルジェ

小崎佳澄氏、タメニー 平田恵氏にはこの場をお借りして心より御礼を申し上げます。

　そして、本書制作にあたり、終始熱心な編集・校正をいただいたきんざいの舟山綾氏、日本総合研究所 翁百合理事長、創発戦略センター 松岡靖晃所長、宍戸朗副所長、齊木大縮小社会チームリーダー、広報部 山口直樹部長代理をはじめご協力、ご助言をいただいた多くの皆様にも心より御礼申し上げます。

　2023年3月

　　　　日本総合研究所　創発戦略センター　スペシャリスト

　　　　　　　　　　　　　　　　　　　小島　明子

目 次

第3章　インタビュー
　　　──先輩女性に聞く6つのキャリアストーリー

第4章 7つのメッセージ
——年齢を問わず自分らしく生きていくために

これから増える定年女性

　皆さんは、定年について考えたことはありますか。定年を目標に働いてきたわけではなく、目の前の仕事を一生懸命やってきたら、今に至っているという女性は多いのではないでしょうか。正社員として、定年まで働き続けてきた女性が少ない中、定年を迎えた後、あるいは迎える前にどのようにキャリアをシフトいく方法があるのか、ロールモデルのケースも少なくイメージが湧きづらいのが現状です。第1章では、これから定年を迎える女性たちを取り巻く環境や意識調査等について、データを中心に紹介し、女性の定年について考えていきます。

1 管理職経験者の定年女性も増える

　今まででも定年まで勤め上げる女性は、決していなかったわけではありません。しかし、今後は徐々にではありますが、年を追うごとにその数が増えていき、中でも、管理職を経験した定年女性が増えることが予想されます。

　1986年には、男女雇用機会均等法（雇用の分野における男女の均等な機会及び待遇の確保等に関する法律）が施行され、女性も総合職として採用されるようになりました。長時間労働が前提となる世代、男女雇用機会均等法施行後に入社した多くの女性たちにとって、仕事と家庭の両立は容易なことではありませんでした。しかし、長時間労働に耐えながら、仕事と子育てを両立しながら働き続け、あるいは、結婚や出産という機会を選択せずに仕事を優

先し、勤め先で女性として初めて管理職や役員として登用された人が多い世代でもあります。今、多くの若い女性たちにとって働きやすい環境になっているのも、男女雇用機会均等法世代の女性たちが頑張って道をつくってきたことが大きかったのではないかと思います。そして、ちょうど、彼女たちにも定年の年齢が近付いてきています。

2012年頃を境に、政府が女性活躍を大きく掲げたタイミングで、多くの企業が、女性の管理職への登用や、仕事と家庭の両立支援制度の整備を始めるようになりました。現在、勤めている若い世代が結婚や出産のタイミングで、「仕事か家庭か」を選択することは少なくなったと感じます。女性の就業者数は年々増え、管理職としても登用される女性が増えてきています。特に、女性の係長級の比率は約2割を超え、若い女性の役職者への登用が徐々に進んでいるのです。将来、管理職経験者をはじめ、定年ま

〔図表1－1〕　女性の就業者数の変化

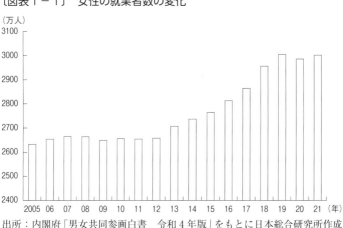

出所：内閣府「男女共同参画白書　令和4年版」をもとに日本総合研究所作成

〔図表 1 - 2〕　女性の役職者比率の変化

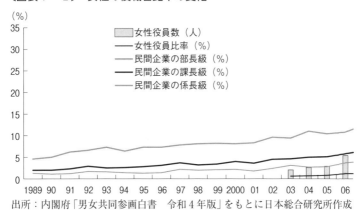

出所：内閣府「男女共同参画白書　令和 4 年版」をもとに日本総合研究所作成

で働く女性たちが非常に増えることはデータをみても想像ができ
ます〔図表 1 - 1〕〔図表 1 - 2〕。

② 役職定年を迎える女性も増える

　管理職経験者にとって、定年前に直面する問題が役職定年で
す。今までは管理職の多くが男性でしたが、管理職に登用される
女性が増えていけば、女性も同様の問題に直面することが想定さ
れます。特に、役職定年は、男性にとってもモチベーションの低
下の要因となっており、優秀で管理職としてバリバリ働き続けた
女性であればあるほど、同じことが起こる可能性があると考えま
す。

　高齢・障害・求職者雇用支援機構[1]の調査を踏まえると、役職
を降りた後の変化として主に 4 つの特徴が指摘できます。これら
の特徴には、役職定年に潜む問題が示されており、男性だけでは

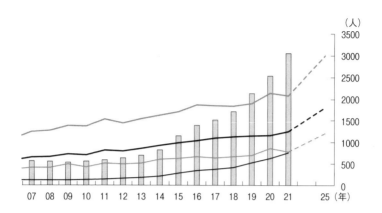

なく、女性にも起こり得る問題として、認識しておく必要がある
でしょう〔図表 1 － 3〕。

　図表 1 － 3 の調査を踏まえた役職定年後の 4 つの特徴

　特徴①　就いていた役職が高い経験者ほど、「会社に尽くそ
　　うとする意欲」が低下する傾向が強い

　　→就いていた役職が高ければ役職定年後はそのギャップに
　　　悩み意欲が低下

　（＊下線は筆者の考えに基づき追記、以下同）

　特徴②　役職を降りた後、「職場と職種の両方が異なる」と
　　「会社に尽くそうとする意欲」が低下する傾向が強い

　　→役職定年後は、今までやってきた職場や職種が変わるこ

1　高齢・障害・求職者雇用支援機構（平成30年度）「65歳定年時代における組織と個人のキャ
　リアの調整と社会的支援─高齢社員の人事管理と現役社員の人材育成の調査研究委員会報告
　書─」。

〔図表1－3〕　役職を降りた後の「会社に尽くそうとする意欲」の変化

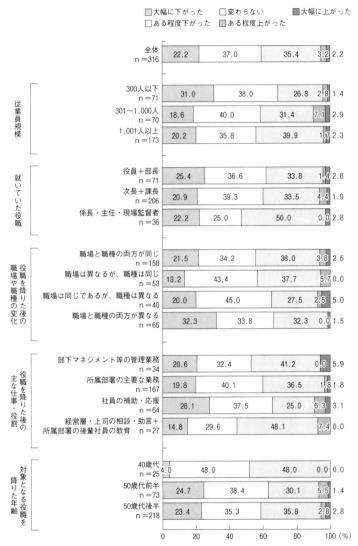

凡例：□大幅に下がった　□変わらない　■大幅に上がった
　　　□ある程度下がった　■ある程度上がった

全体 n＝316：22.2／37.0／35.4／3.2／2.2

従業員規模
- 300人以下 n＝71：31.0／38.0／26.8／2.8／1.4
- 301～1,000人 n＝70：18.6／40.0／31.4／7.1／2.9
- 1,001人以上 n＝173：20.2／35.8／39.9／1.7／2.3

就いていた役職
- 役員＋部長 n＝71：25.4／36.6／33.8／1.4／2.8
- 次長＋課長 n＝206：20.9／39.3／33.5／4.4／1.9
- 係長・主任・現場監督者 n＝36：22.2／25.0／50.0／0.0／2.8

役職を降りた後の職場や職種の変化
- 職場と職種の両方が同じ n＝158：21.5／34.2／38.0／3.8／2.5
- 職場は異なるが、職種は同じ n＝53：13.2／43.4／37.7／5.7／0.0
- 職場は同じであるが、職種は異なる n＝40：20.0／45.0／27.5／2.5／5.0
- 職場と職種の両方が異なる n＝65：32.3／33.8／32.3／0.0／1.5

役職を降りた後の主な仕事・役割
- 部下マネジメント等の管理業務 n＝34：20.6／32.4／41.2／0.0／5.9
- 所属部署の主要な業務 n＝167：19.8／40.1／36.5／1.8／1.8
- 社員の補助・応援 n＝64：28.1／37.5／25.0／6.3／3.1
- 経営層・上司の相談・助言＋所属部署の後輩社員の教育 n＝27：14.8／29.6／48.1／7.4／0.0

対象となる役職を降りた年齢
- 40歳代 n＝25：4.0／48.0／48.0／0.0／0.0
- 50歳代前半 n＝73：24.7／38.4／30.1／5.5／1.4
- 50歳代後半 n＝218：23.4／35.3／35.8／2.8／2.8

0　20　40　60　80　100（％）

出所：高齢・障害・求職者雇用支援機構「65歳定年時代における組織と個人のキャリアの調整と社会的支援─高齢社員の人事管理と現役社員の人材育成の調査研究委員会報告書─」（平成30年度）をもとに日本総合研究所作成

とが多いが、新境地へのチャレンジどころか、むしろそ
のことは意欲の低下に

特徴③　役職を降りた後の主な仕事・役割別にみると、主な
仕事・役割が「社員の補助・応援」を行っている経験者ほ
ど、「会社に尽くそうとする意欲」が下がっている者が多
くなっているのに対して、「経営層・上司の相談・助言＋
所属部署の後輩社員の教育」を行っている経験者ほど、そ
の傾向は低い

　→若手と一緒に手を動かす仕事では意欲が低下するが、教
育係やアドバイザーであれば意欲は下がらない

特徴④　50歳代前半で役職を降りた経験者に比べ、40歳代で
役職を降りた経験者ほど、「会社に尽くそうとする意欲」
が下がっている者が少ない

　→早いうちから、役職を降りてキャリアを考え直す機会が
あれば、意欲は低下しない

③ 役職定年後の身の処し方

　前述した調査を踏まえると、高い役職の経験者ほど、役職定年
後のギャップが心理的に受け入れにくいことが挙げられます。早
いうちから、副業・兼業等を通じて、様々な立場を経験したり、
習い事にチャレンジするなどしてフラットな人間関係を増やすこ
とで、そのギャップに悩むことも少なくなると考えられます。男
性は女性に比べ、上下の人間関係ではなく、横のフラットな人間

関係を築くことに強みを持ち、一見この点は問題にならないようにも思われます。しかし、管理職まで登用される女性の中には、男性が多い縦社会の中で評価されてきた女性が少なくありません。そのため、フラットな人間関係づくりを早いうちから意識を持って行っておくことが、男性同様に大切だと感じます。

　また、「社員の補助・応援」の仕事ではモチベーションが下がり、「経営層・上司の相談・助言＋所属部署の後輩社員の教育」の仕事では意欲が低下しづらいという結果を踏まえると、今までのキャリアに対するプライドもあるため、若い上司のもとで、一メンバーとして働く難しさも読み取れます。実際、筆者自身もミドル・シニアの働き方について調査していく中で、高齢化するに従って、若手の教育係になりたがる人は多いと聞きます。しかし、組織側の事情を踏まえれば、すべての役職定年者をアドバイザー的な役割にするのは適正な配置といえません。労働人口が減り、現場の人手が足りなくなる可能性を考えれば、教育係ではなく、一緒に手を動かしてほしいというのが若手の本音でしょう。

　役職定年を迎えた後、肩書がなくなった状態で組織や若手の事情と折合いをつけながら、働き続けるためには、専門性を高めることにとどまらず、年齢を経てもフラットな関係でいられるコミュニケーションの姿勢や、若手と一緒に汗をかいて仕事をし続ける努力が求められます。

　日本総合研究所では、2022年3月に、東京圏の会社で働いている45〜59歳の女性1044人（正規雇用825人、非正規雇用219人）に対して、生活に関するアンケート調査（以下、日本総合研究所の調査）を実施しました。本書では、その一部のデータを紹介します。

① 年齢を経ても自己成長意欲が上がる女性たち

　年齢を経ると、一見、仕事へのやる気というのは落ちるのではないかというイメージがあります。しかし、就職活動時点（当時のことを思い出して回答）とアンケート回答時点（現時点について回答）について、就業意識を比較してみると、働く定年女性の自己成長意欲は、年齢を経ると上昇することが明らかになっているのです。男性は歳をとると元気がなくなるのに、女性は、歳をとると、家のことから解放されて、意欲的に新しい仕事や習い事、地域活動を始める人がいる、と聞きますが、そのようなイメージがデータとして表れています。

　日本総合研究所の調査によれば、「出世・昇進のために働くことが重要だ」（「強くそう思っていた（アンケート回答時点の場合は「強くそう思う」）」「ややそう思っていた（アンケート回答時点の場合は「ややそう思う」）」の計、後述する選択肢も同様の扱い）と回答した女性は、就職活動時点で13.5％、アンケート回答時点で11.5％であり、もともと低いことがわかります。一方で、「より高い報酬を得るために働くことが重要だ（給与の他諸手当、福利

厚生含む）」と回答した女性は、就職活動時点で37.2%、アンケート回答時点で43.1%であり、約4割ともともと高いことがわかります。長く勤め続けてきた女性は、肩書にはこだわらないものの、報酬に対してはこだわりがあるといえます。

　「自分の能力やスキルを生かすために働くことが重要だ」「自己成長のために働くことが重要だ」と回答した女性は、就職活動時点、アンケート回答時点、いずれも約4割以上です。特に、「自分の能力やスキルを生かすために働くことが重要だ」という回答に限っては、アンケート回答時点が就職活動時点に比べて約5割近くまで上昇しているのです。年齢を経ると、意欲が低下するようにも思われますが、女性の場合は、変化しないどころか、自己成長への意欲は上昇するという意外な結果が得られていることがわかります。

　さらに「やりたい仕事であれば、仕事以外の時間が削られても仕方がない」「やりたい仕事であれば、精神的にきつくても仕方がない」「やりたい仕事であれば、体力的にきつくても仕方がない」と回答した女性は、就職活動時点では約2～3割、アンケート回答時点になると約1～2割にまで落ち込みます。とはいえ、もともとワークライフバランスへの意識は高く、仕事のために私生活を犠牲にしたくないと考える女性は多く、年齢を経ると、さらにその傾向は強まるということなのだといえます。

　自由記述の中では、「組織に所属しながら、そこで勉強したことをもとに、個人での仕事も始めたところ。悩みではないけれど、勉強するのにとにかく時間に追われている」「体力が続く限り働きたいと思っているので体調管理だけは怠らないようにして

〔図表1−4〕　就業意識（就職活動時点）

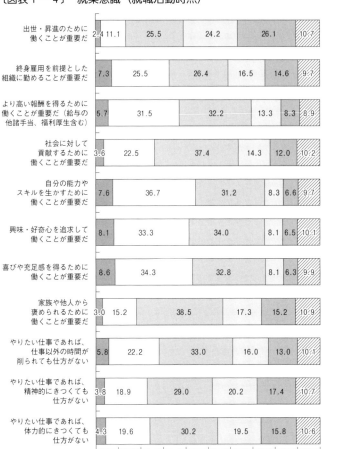

	強くそう思っていた	ややそう思っていた	どちらでもない	あまりそう思わなかった	まったくそう思わなかった	当時のことは覚えていない
出世・昇進のために働くことが重要だ	2.4	11.1	25.5	24.2	26.1	10.7
終身雇用を前提とした組織に勤めることが重要だ	7.3	25.5	26.4	16.5	14.6	9.7
より高い報酬を得るために働くことが重要だ（給与の他諸手当、福利厚生含む）	5.7	31.5	32.2	13.3	8.3	8.9
社会に対して貢献するために働くことが重要だ	3.6	22.5	37.4	14.3	12.0	10.2
自分の能力やスキルを生かすために働くことが重要だ	7.6	36.7	31.2	8.3	6.6	9.7
興味・好奇心を追求して働くことが重要だ	8.1	33.3	34.0	8.1	6.5	10.1
喜びや充足感を得るために働くことが重要だ	8.6	34.3	32.8	8.1	6.3	9.9
家族や他人から褒められるために働くことが重要だ	3.0	15.2	38.5	17.3	15.2	10.9
やりたい仕事であれば、仕事以外の時間が削られても仕方がない	5.8	22.2	33.0	16.0	13.0	10.1
やりたい仕事であれば、精神的にきつくても仕方がない	3.8	18.9	29.0	20.2	17.4	10.7
やりたい仕事であれば、体力的にきつくても仕方がない	4.3	19.6	30.2	19.5	15.8	10.6

出所：日本総合研究所

いきたいと思う」などの前向きな意見もありました。しかし、多様な働き方への要望、賃金が少ないことへの不満の声がとても多く、意欲は高いものの、活躍できる環境が少ないこともうかがえ

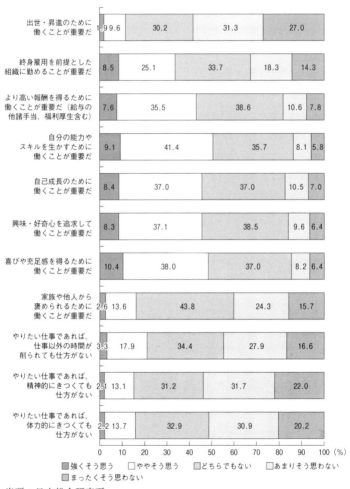

〔図表 1 − 5〕 就業意識（アンケート回答時点）

項目	強くそう思う	ややそう思う	どちらでもない	あまりそう思わない	まったくそう思わない
出世・昇進のために働くことが重要だ	1.9	9.6	30.2	31.3	27.0
終身雇用を前提とした組織に勤めることが重要だ	8.5	25.1	33.7	18.3	14.3
より高い報酬を得るために働くことが重要だ（給与の他諸手当、福利厚生含む）	7.6	35.5	38.6	10.6	7.8
自分の能力やスキルを生かすために働くことが重要だ	9.1	41.4	35.7	8.1	5.8
自己成長のために働くことが重要だ	8.4	37.0	37.0	10.5	7.0
興味・好奇心を追求して働くことが重要だ	8.3	37.1	38.5	9.6	6.4
喜びや充足感を得るために働くことが重要だ	10.4	38.0	37.0	8.2	6.4
家族や他人から褒められるために働くことが重要だ	2.6	13.6	43.8	24.3	15.7
やりたい仕事であれば、仕事以外の時間が削られても仕方がない	3.3	17.9	34.4	27.9	16.6
やりたい仕事であれば、精神的にきつくても仕方がない	2.1	13.1	31.2	31.7	22.0
やりたい仕事であれば、体力的にきつくても仕方がない	2.2	13.7	32.9	30.9	20.2

■ 強くそう思う　□ ややそう思う　■ どちらでもない　□ あまりそう思わない
■ まったくそう思わない

出所：日本総合研究所

ます〔図表 1 − 4〕〔図表 1 − 5〕。

② 2 人に 1 人が私生活には満足、現在の仕事にはやや興味・好奇心が欠ける

　現在の生活（私生活・職業生活）に対する満足度について、私生活については約半数が満足している（「強くそう思う」「ややそう思う」、以下同様）ものの、職業生活については約 4 割と、やや私生活の満足に比べると低い結果となっています。

　職業生活の満足について、詳しくみてみると、「これまでの出世・昇進の状況に満足している」と回答した女性は26.2％と低い結果となりました。もともと出世・昇進に対してはこだわらずに生きてきたものの、いざ「満足しているか？」と聞かれると、決して満足はしていないということなのです。

　さらに、「仕事を通じて自分の能力やスキルが生かせている」「仕事を通じて自分は成長している」と回答した女性は約 4 割に上るものの、「仕事を通じて興味・好奇心がかきたてられている」と回答した女性は約 3 割と少し下がっています。このことからは、今の仕事が自分の能力を活用し、成長へとつながってはいるものの、おもしろさや好奇心までかきたてられていないということが読み取れます。

　自由記述の中でも「仕事がつまらない」「この先何年か今の状態が続くのか考えると憂鬱になる。嫌なわけではないけれどもっと自分を発揮できる場所があるのではないかと考える時がある」といった意見もみられ、仕事内容に対して、好奇心や興味、関心が欠けている女性の存在がうかがえます〔図表 1 － 6〕。

〔図表1－6〕 現在の生活（私生活・職業生活）に対する満足度

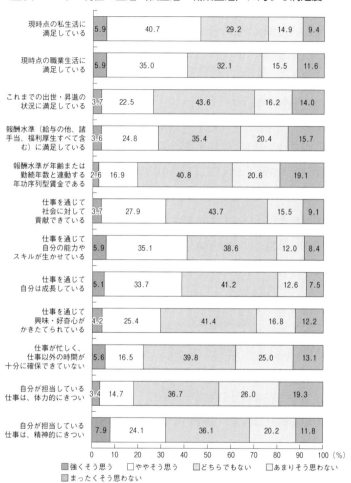

	強くそう思う	ややそう思う	どちらでもない	あまりそう思わない	まったくそう思わない
現時点の私生活に満足している	5.9	40.7	29.2	14.9	9.4
現時点の職業生活に満足している	5.9	35.0	32.1	15.5	11.6
これまでの出世・昇進の状況に満足している	3.7	22.5	43.6	16.2	14.0
報酬水準（給与の他、諸手当、福利厚生すべて含む）に満足している	3.6	24.8	35.4	20.4	15.7
報酬水準が年齢または勤続年数と連動する年功序列型賃金である	2.6	16.9	40.8	20.6	19.1
仕事を通じて社会に対して貢献できている	3.7	27.9	43.7	15.5	9.1
仕事を通じて自分の能力やスキルが生かせている	5.9	35.1	38.6	12.0	8.4
仕事を通じて自分は成長している	5.1	33.7	41.2	12.6	7.5
仕事を通じて興味・好奇心がかきたてられている	4.2	25.4	41.4	16.8	12.2
仕事が忙しく、仕事以外の時間が十分に確保できていない	5.6	16.5	39.8	25.0	13.1
自分が担当している仕事は、体力的にきつい	3.4	14.7	36.7	26.0	19.3
自分が担当している仕事は、精神的にきつい	7.9	24.1	36.1	20.2	11.8

出所：日本総合研究所

14

③ 定年後も働きたい定年女性は約7割、収入や健康問題が再就職の課題

　定年後も働きたいと明確に意思を示している女性は約7割に上ります。「自分のキャリアが生かせる仕事で同等の労働条件なら働きたい」（27.6％）が最も多く、そのほかの選択肢についてはいずれも2割以下になっています。定年後は、キャリアの活用や労働条件とのバランスについて、要望は多様であることがわかります。ただし、再就職後への不安という点では、十分な収入が得られるかということへの不安と、健康問題に対する不安を挙げる女性が約4割に上っています。お金と健康問題は、年齢を経るほど重要な問題なのだといえます。

　再就職先として希望する仕事内容としては、「一般事務・サポート」が約6割と圧倒的に多く、その他の仕事内容は約2割以

〔図表1-7〕　将来望む働き方

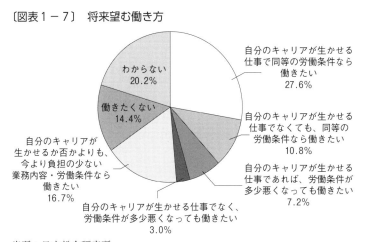

わからない
20.2%

働きたくない
14.4%

自分のキャリアが
生かせるか否かよりも、
今より負担の少ない
業務内容・労働条件なら
働きたい
16.7%

自分のキャリアが生かせる
仕事で同等の労働条件なら
働きたい
27.6%

自分のキャリアが生かせる
仕事でなくても、同等の
労働条件なら働きたい
10.8%

自分のキャリアが生かせる
仕事であれば、労働条件が
多少悪くなっても働きたい
7.2%

自分のキャリアが生かせる仕事でなく、
労働条件が多少悪くなっても働きたい
3.0%

出所：日本総合研究所

〔図表1-8〕 定年後の仕事探しにおける不安

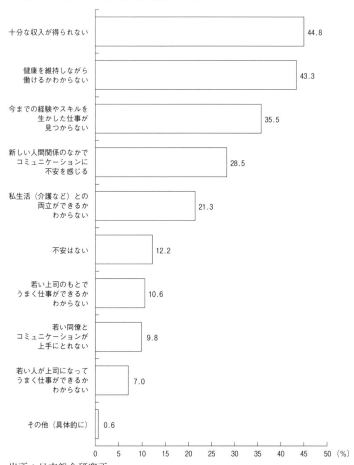

十分な収入が得られない　44.8

健康を維持しながら
働けるかわからない　43.3

今までの経験やスキルを
生かした仕事が
見つからない　35.5

新しい人間関係のなかで
コミュニケーションに
不安を感じる　28.5

私生活（介護など）との
両立ができるか
わからない　21.3

不安はない　12.2

若い上司のもとで
うまく仕事ができるか
わからない　10.6

若い同僚と
コミュニケーションが
上手にとれない　9.8

若い人が上司になって
うまく仕事ができるか
わからない　7.0

その他（具体的に）　0.6

0　5　10　15　20　25　30　35　40　45　50 （%）

出所：日本総合研究所

下です。特に社会的に人材が不足している保育や介護について非
常に希望が少ないのが現状です。仕事と健康の維持との両立を考
えて、「一般事務・サポート」を選んでいる女性も少なくないと
想像しますが、「一般事務・サポート」の求人の少なさを踏まえ

〔図表1−9〕　再就職として希望する仕事内容

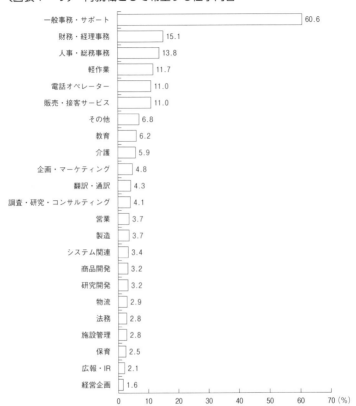

出所：日本総合研究所

れば、女性が希望どおりの再就職をすることは難しい現状が想像
されます。

　自由記述の中で圧倒的に多いのが健康問題への不安ですが、中
には、「定年退職後はボランティアかNGO等で社会貢献したい
が、何をどうすればよいか模索中」「資格や学歴がないと、経験
があっても就職しづらい、給料がかなり下がる。一般的な事務で

は勤続年数で稼いでいるようなものなので、転職するとまた一からやり直しになる」「もっと自分のキャリアを生かせる会社に転職したいと考えているが自分の年齢やコロナ禍という状況で難しいと感じている」といった、高年齢に伴い雇用条件が悪くなることへの不安などから、再就職活動を新たなチャレンジとして捉えづらい状況もうかがえます〔図表1−7〕〔図表1−8〕〔図表1−9〕。

4 定年女性に不足しているのは若い友人と運動

　前述したとおり、定年女性の2人に1人が私生活に満足している状況の中、「悩みごとを相談できるような友人の数」が2人以上と回答した女性が約6割に上ることが明らかになっています。「メールなどで直接やりとりする友人の数」で2人以上と回答した女性となるとさらに増えて約7割に上り、友人には恵まれてい

〔図表1−10〕　友人の数

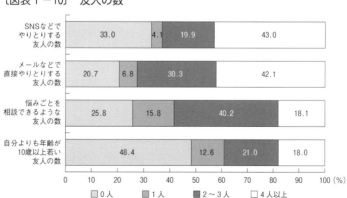

出所：日本総合研究所

[図表 1 − 11] 共食

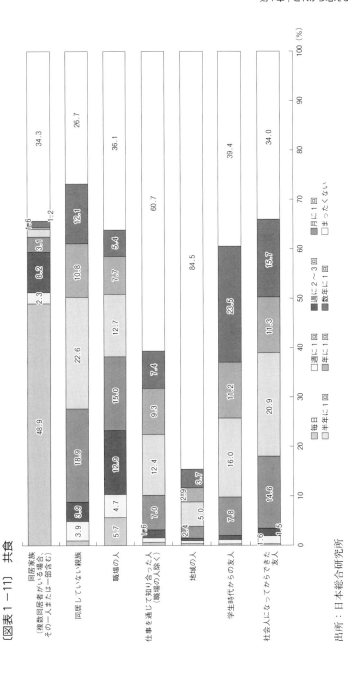

出所：日本総合研究所

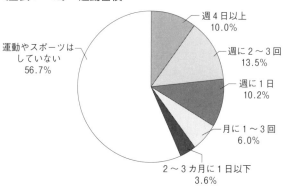

〔図表 1 −12〕 運動習慣

週 4 日以上
10.0%

週に 2 〜 3 回
13.5%

週に 1 日
10.2%

月に 1 〜 3 回
6.0%

2 〜 3 カ月に 1 日以下
3.6%

運動やスポーツは
していない
56.7%

出所：日本総合研究所

る女性が多いことがわかります。ただし、「自分よりも年齢が10歳以上若い友人の数」については、 0 人と回答した女性が約半数に上ります。年齢が近い友人には恵まれていても、若い友人に恵まれている女性が少ないことがわかります。

　食事相手や頻度についてみてみると、地域の人と食事をしたことがない女性は約 8 割に上り、地域活動での交流が少ないことが想像できます。一方で、学生時代の友人や社会人になってからできた友人と食事をしている女性が多いものの、そのような機会が全くないと回答している女性も約 3 割存在しており、やや二極化しているともいえます。

　さらに、再就職の際には、健康問題を不安視する女性が多いと述べましたが、運動やスポーツをしていない女性は約 6 割に上り、運動習慣が少ないこともわかります。健康不安や体調不良の声が多いにもかかわらず、健康的な生活に向けた改善を行う人は少ないようです〔図表 1 −10〕〔図表 1 −11〕〔図表 1 −12〕。

⑤ データから読み取る、定年女性に必要な3つの準備

　ご紹介したデータを踏まえると、女性の定年に向けて必要な準備は、3つあるといえます。

　1つ目が興味や好奇心のある生活をすることへの心掛けです。就業をしている女性の特徴としては、仕事の中で、自己成長につなげたり、スキルの活用等ができていることに比べると、興味や好奇心が欠けているということを紹介しました。定年後、歳をとればとるほど、新しい刺激を得るためには、自発的に動くことが必要となります。私生活を含めて、興味や好奇心のある生活を心掛ける、あるいは、子どもの頃に好きだったことを思い出して、チャレンジしてみるということでもよいのではないでしょうか。興味や好奇心をかきたてられる趣味が仕事や人間関係の広がりにつながると考えます。

　2つ目は、運動習慣を付けることが挙げられます。運動やスポーツをしていない女性が約6割に上る一方で、再就職への不安としては健康問題を挙げる女性が多くなっています。健康寿命と平均寿命との間には、約10年近くの差があります。その差が縮まるほど、仕事を続けたり、私生活を楽しむことができますし、健康であれば、様々な仕事にチャレンジすることもできます。約20年あれば、1つの仕事でプロフェッショナルになることも夢ではありません。60歳を区切りとして、80歳までで20年、100歳までで20年、興味や好奇心が持てる異なる仕事にチャレンジしてみるのも、人生100年時代に向けた生き方ではないでしょうか。

3つ目は、柔軟性を持つことが挙げられます。再就職先として
は、「一般事務・サポート」を挙げる女性がほとんどで、その他
の仕事を選択する女性はわずかでした。しかし、一般事務やサ
ポートの仕事は、AIの進化等で減少することが予想されますし、
次章でも述べますが、事務職への再就職は容易ではありません。
また、地域の人と食事をしている女性もほとんどいませんでした
が、これからの時代は、仕事の多様化と併せて、人間関係の多様
化も必要です。たとえ結婚して子どもがいても、子どもと離れて
暮らすことになれば、「遠い親戚よりも近くの他人」が重要な存
在になります。地域を支援する活動団体の中には、話し相手に数
百円、電球の交換に数百円といった形で、気軽に依頼ができるよ
う安価かつ有償でサービスを提供しているところがあります。一
人暮らしの場合（あるいは配偶者、自分双方が健康問題に不安を抱
えている場合など）は、そのような団体からのサポートは、いざ
という時の助けになります。「私はそういうサポートはいらない
ので」という高齢者ほど、支援もしづらく、孤独死してしまう
ケースがあると筆者自身もお話を伺いました。年齢を経るほど、
柔軟性を持つことが大切だと考えます。

① 社会全体で増える中高年社員

　男性同様に増える定年女性ですが、労働人口の減少に伴い、特に中高年社員は働き手として期待されています。

　国立社会保障・人口問題研究所[2]によれば、日本の生産年齢人口（15〜64歳の人口）は、1995年の8726万人をピークに減少し続け、2015年には7728万人となっています。将来の生産年齢人口は、出生中位推計によれば、2029年、2040年、2056年には、それぞれ7000万人、6000万人、5000万人を割り、2065年には、4529万人になることが指摘されています。労働人口という視点でみれば、人手が不足する傾向というのは今後も続くのです。

　マイナビ[3]によれば、勤め先でシニア層を採用している業種としては、警備・交通誘導（セキュリティー・設備工事等）、介護、接客・販売（コンビニ・スーパー）、清掃（ビル管理・メンテナンス）が約7割を超えています。現状、人手が不足していて、シニア層であっても採用したいと希望する業種は、体力を必要とする業種を中心にニーズが高いことがわかります。

　平均寿命という点で考えれば、日本人の平均寿命は延びており、男性で81.47年、女性で87.57年であり[4]、国際的に比べて、

2　国立社会保障・人口問題研究所「日本の将来推計人口　平成29年度推計」。
3　シニア採用に関する業種別企業調査（マイナビ調べ）。
4　厚生労働省「令和3年簡易生命表の概況」。

〔図表 1 −13〕　年齢階級別就労者の割合の変化

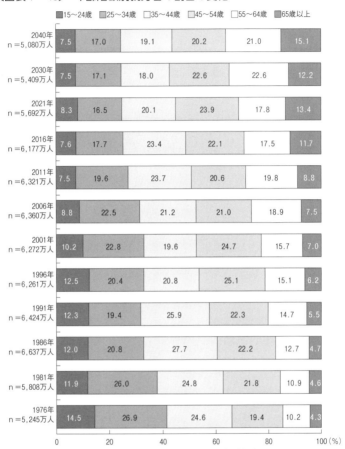

■15〜24歳　■25〜34歳　□35〜44歳　■45〜54歳　□55〜64歳　■65歳以上

	15〜24歳	25〜34歳	35〜44歳	45〜54歳	55〜64歳	65歳以上
2040年 n＝5,080万人	7.5	17.0	19.1	20.2	21.0	15.1
2030年 n＝5,409万人	7.5	17.1	18.0	22.6	22.6	12.2
2021年 n＝5,692万人	8.3	16.5	20.1	23.9	17.8	13.4
2016年 n＝6,177万人	7.6	17.7	23.4	22.1	17.5	11.7
2011年 n＝6,321万人	7.5	19.6	23.7	20.6	19.8	8.8
2006年 n＝6,360万人	8.8	22.5	21.2	21.0	18.9	7.5
2001年 n＝6,272万人	10.2	22.8	19.6	24.7	15.7	7.0
1996年 n＝6,261万人	12.5	20.4	20.8	25.1	15.1	6.2
1991年 n＝6,424万人	12.3	19.4	25.9	22.3	14.7	5.5
1986年 n＝6,637万人	12.0	20.8	27.7	22.2	12.7	4.7
1981年 n＝5,808万人	11.9	26.0	24.8	21.8	10.9	4.6
1976年 n＝5,245万人	14.5	26.9	24.6	19.4	10.2	4.3

出所：総務省「労働力調査」をもとに日本総合研究所作成

相対的に平均寿命は長いこともわかっています。今後も医療技術が進歩する可能性を踏まえれば、定年というのはキャリアの終点ではなく、中間点になるといえます。寿命の長さと労働力の不足という観点から、自分が好む仕事に就けるか、という視点を置いておけば、定年を迎えた女性であっても、労働力としては求めら

〔図表1 −14〕「現在の勤め先で、非正規雇用でシニア層を採用していますか。(単一回答)」

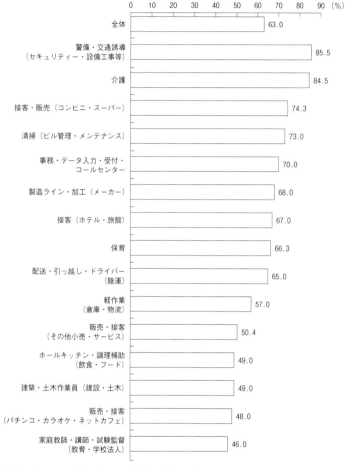

0　10　20　30　40　50　60　70　80　90 (%)

項目	%
全体	63.0
警備・交通誘導(セキュリティー・設備工事等)	85.5
介護	84.5
接客・販売(コンビニ・スーパー)	74.3
清掃(ビル管理・メンテナンス)	73.0
事務・データ入力・受付・コールセンター	70.0
製造ライン・加工(メーカー)	68.0
接客(ホテル・旅館)	67.0
保育	66.3
配送・引っ越し・ドライバー(陸運)	65.0
軽作業(倉庫・物流)	57.0
販売・接客(その他小売・サービス)	50.4
ホールキッチン・調理補助(飲食・フード)	49.0
建築・土木作業員(建設・土木)	49.0
販売・接客(パチンコ・カラオケ・ネットカフェ)	48.0
家庭教師・講師・試験監督(教育・学校法人)	46.0

出所:「シニア採用に関する業種別企業調査」(マイナビ調べ)をもとに日本総合研究所作成

れる可能性が高いのです〔図表1 −13〕〔図表1 −14〕。

② 年齢を経て働き続けるために必要なこと
── 変化への適応力

　現役で働く中高年世代がより良い条件、あるいは今までの仕事のスキルや経験を活かしながら働き続けるためには、携わっている仕事が成長産業ではない場合、成長産業に焦点を当てる、あるいは、今まで携わってきた仕事で得られた経験やスキルの他業界、他職種での再現可能性を考慮し、必要に応じて教育訓練を受ける必要も出てきます。外部環境の変化に伴い、必要とされるのは、業種や職種を柔軟に選択でき、新しい価値観やスキルを受け入れられる個人としての柔軟性です。副業・兼業での働き方も新たな産業に移る手段ですが、個人としても、物理的、精神的な変化に対応できる人材であることが、男女問わず求められているのです。

　野村総合研究所と英国オックスフォード大学のマイケル・A. オズボーン准教授およびカール・ベネディクト・フレイ博士との共同研究[5]によれば、日本の労働人口の約49％が、技術的には人工知能等で代替可能になることが指摘されています。同研究の中では、芸術、歴史学・考古学、哲学・神学など抽象的な概念を整理・創出するための知識が要求される職業、他者との協調や、他者の理解、説得、ネゴシエーション、サービス志向性が求められる職業は、人工知能等での代替は難しい傾向がある一方、必ずしも特別の知識・スキルが求められない職業に加え、データの分析

---

[5]　野村総合研究所「日本の労働人口の49％が人工知能やロボット等で代替可能に〜601種の職業ごとに、コンピューター技術による代替確率を試算〜」（2015年12月2日）。

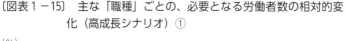

〔図表1－15〕　主な「職種」ごとの、必要となる労働者数の相対的変化（高成長シナリオ）①

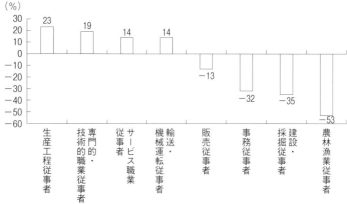

注：全労働者数に占める各職種の割合の変化率（2020年→2050年）
出所：労働政策研究・研修機構「労働力需給の推計―労働力需給モデル（2018年度版）」、「職務構造に関する研究Ⅱ」（2015年）、World Economic Forum "The Future of Jobs Report 2020"、Hasan Bakhshi et al., "The future of skills：Employment in 2030"、内閣府「産業界と教育機関の人材の質的・量的需給マッチング状況調査」（2019年）、文部科学省科学技術・学術政策研究所「第11回科学技術予測調査ST Foresight 2019」等をもとに経済産業省が推計

や秩序的・体系的操作が求められる職業については、人工知能等で代替できる可能性が高い傾向が確認できていると記されています。定型化される業務そのものが減ることを想定すれば、年齢が上がるほど、条件の良い仕事を得るチャンスそのものが少なくなると考えます。

　経済産業省が推計したデータ[6]によれば、主な「職種」ごとの必要となる労働者数の相対的変化をみると、事務や販売の仕事が減少すると予測されています〔図表1－15〕〔図表1－16〕。これらの職種はAI等で代替される可能性があるため、減少するのだと

〔図表1−16〕 主な「産業」ごとの、必要となる労働者数の相対的変化（高成長シナリオ）②

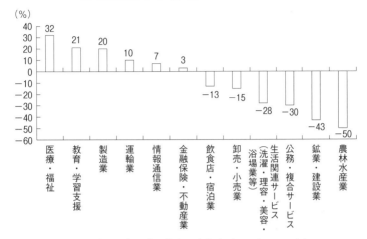

注：全労働者数に占める各職種の割合の変化率（2020年→2050年）
出所：労働政策研究・研修機構「労働力需給の推計―労働力需給モデル（2018年度版）」、「職務構造に関する研究Ⅱ」（2015年）、World Economic Forum "The Future of Jobs Report 2020"、Hasan Bakhshi et al., "The future of skills：Employment in 2030"、内閣府「産業界と教育機関の人材の質的・量的需給マッチング状況調査」（2019年）、文部科学省科学技術・学術政策研究所「第11回科学技術予測調査ST Foresight 2019」等をもとに経済産業省が推計

考えます。一方で、サービス職業従事者といった、代替がしづらい職種や、専門的・技術的職業従事者といった新たな技術開発を担う職種では、雇用が増えることが予想されます。また、職種構成の内訳は、各産業の雇用の増減に連動しており、今後、高齢化

---

6 労働政策研究・研修機構「労働力需給の推計―労働力需給モデル（2018年度版）」、「職務構造に関する研究Ⅱ」（2015年）、World Economic Forum "The Future of Jobs Report 2020"、Hasan Bakhshi et al., "The future of skills: Employment in 2030"、内閣府「産業界と教育機関の人材の質的・量的需給マッチング状況調査」（2019年）、文部科学省科学技術・学術政策研究所「第11回科学技術予測調査ST Foresight 2019」等をもとに経済産業省が推計。

で増えることが予想される医療・福祉は約3割増えることが予想されています。IT化に伴って必要とされる情報通信業や、ネット通販の宅配需要によって増える運輸業などについても、増えることが読み取れます。

今後も働き続けることを考える場合、今、ご自身が携わっている業界や職種は将来性があるのか、なければ、必要に応じて学び直し等の軌道修正が必要となってくるといえます。

③ 70歳まで今の勤め先で安泰に働けるか？

2021年4月には、法律が改正され、従業員に対する70歳までの雇用確保措置が努力義務となり、70歳までの定年引上げや、70歳までの継続雇用制度の導入、定年廃止などが求められています。自分の今の勤め先は大企業なので70歳まで安泰、と考えている女性もいるかもしれません。しかし、大企業側はより高い価値を生み出す人材へと入れ替えるための新陳代謝を進めることが予想されます。

既に、新型コロナウイルス感染症（以下、「新型コロナ」という）前の段階からもそのような傾向はみられます。東京商工リサーチによれば[7]、業績が堅調な大企業で、早期・希望退職者を募っていました。2020年12月7日までに上場企業の早期・希望退職者募集が90社に達していることが明らかになっており、募集社数は、リーマン・ショック直後の2009年（191社）に次ぐ高水準

---

[7] 東京商工リサーチ「今年の上場企業「早期・希望退職」90社に　リーマン・ショック後2番目の高水準」。

なのです。この理由としては、バブル期に大量入社した40代から50代社員による年齢構成のアンバランスさの改善や、将来の事業を考慮した上での人材の新陳代謝が理由として挙げられます[8]。業績が堅調な大企業に勤めていても、自分の経験やスキルが、勤め先の中で価値を認められなければ、そこで働き続けることは難しい時代となっているのです。

　また、新型コロナは私たちの働き方を変え、多くの企業がテレワークへの移行を迫られることとなりました。企業によっては、毎日フルタイムでテレワークができるところもありますが、週に数日程度と決めているところもあります。頻度や時間は企業によって多様ではあるものの、今後もテレワークはますます進むと考えられます。欧州では、複数の国がここ数年、週休3日（週4日勤務）制度の導入や検討を行っています。日本でも、政府の「経済財政運営と改革の基本方針2022」[9]の中で、育児・介護・ボランティアでの活用、地方兼業での活用等につながるよう、企業における週休3日制度導入を促し、普及を図ることが明記されています。私たちの働き方は、時間と場所、いずれにおいても働きやすい環境になることが想像できます。

　働きやすい職場環境が整備されることは、自分の専門性が明確な方にとっては良いのですが、そうでない場合、成果の創出が難しいという点もあります。テレワークの増加などを背景に、企業の人事制度設計もジョブ型雇用人事制度へ移行するところが増えてきており、職場で明確な成果を出すことがますます求められる

8　東京商工リサーチ「2019年　上場企業「希望・早期退職」実施状況」。
9　経済財政運営と改革の基本方針2022。

ようになります。さらに、現在は専門性が高いスキルを有してい
ても、専門性以上に（あるいは専門性があることは前提とした上
で）、新しいアイデアやイノベーションの創出が求められる時代
です。働く時間を柔軟に選択できることは、仕事がしやすくなる
というメリットがありますが、時間にとらわれない分、今後は、
アイデアの創出等付加価値の高い仕事がますます求められるとい
うことなのです。年齢を経れば、誰でも体力の低下から、生産性
の低下は免れません。より厳しい時代になるからこそ、その時代
について行くことには大きな努力が伴います。精神的にもつらい
努力をしなければならないくらいなら、定年を考えるタイミング
で、自分のやりたいことをより追求していける分野で働くという
選択肢を考える、あるいは、少しずつそのための準備をしていく
ことも大切なのではないでしょうか。

4   多様化する配偶者・パートナーとの生活

　2014年に出版された杉山由美子氏の著書[10]では、卒婚という言葉が話題になりました。「卒婚」とは結婚を卒業する、という意味ですが、離婚はせずに、子どもの独立や夫の定年退職を機に、結婚生活は続けながらも、お互いが自由な生活をするという形になります。定年を迎えた女性の中には、経済力もあり、定年後の再就職では、夫よりも活躍する女性が増えるかもしれません。コミュニティや生活のリズムも変わり、今までの生活スタイルを続けることにこだわらない女性が増えることで、夫婦の在り方も変化していくと考えます。

　実際、長年連れ添った夫婦ほど、離婚の件数は増加しているという事実があります。厚生労働省[11]によれば、2021年の離婚件数は18万4386件で、同居期間が5年未満で5万4510件と約3分の1を占め、結婚生活への見切りが早いことが読み取れます。加えて、1985年から比べると、同居期間が20年以上の離婚は、約2倍近くまで増えているのです〔図表1-17〕。

　パートナーエージェント[12]によれば、離婚に至った理由として、最も多いのが「性格が合わない」（55.6％）を挙げています。最近では、主に結婚年数が長くなった夫婦において、夫の言動によるストレスで更年期障害の悪化等をはじめとした体調不良を訴える妻が多いことから、石蔵文信氏が「夫源病」と命名してい

10　杉山由美子『卒婚のススメ　人生を変える新しい夫婦のカタチ』（静山社文庫、2014年）
11　厚生労働省「令和3年（2021）人口動態統計月報年計（概数）の概況」。
12　パートナーエージェント「「結婚観」に関するアンケート調査」。

〔図表1－17〕　同居期間別にみた離婚件数の年次推移

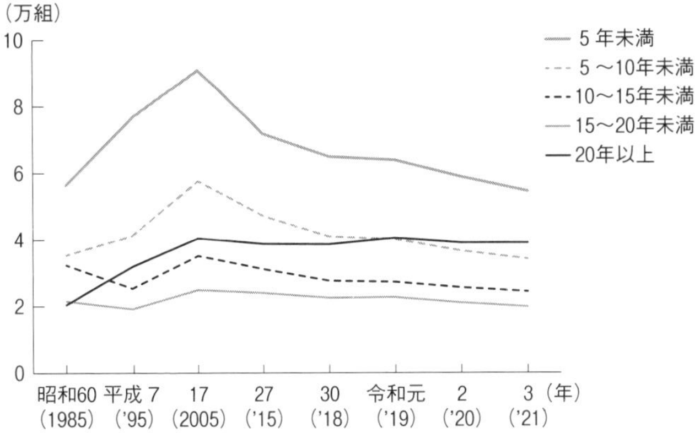

注：同居期間不詳は含まない。
出所：厚生労働省「令和3年（2021）人口動態統計月報年計（概数）の概況」
　　　をもとに日本総合研究所作成

　す。共働きが増えているにもかかわらず、女性の家事や子育ての
負担は減っていません。フルタイムの仕事をこなしながら、家事
や子育てまでこなさなければならず、その上、更年期障害や夫へ
の気遣いなどから、ストレスを抱えている女性は多いと感じま
す。

　また、結婚のスタイルも多様化しており、別居婚や週末婚は、
男性よりも女性のほうが関心が高いことが明らかとなっています
〔図表1－18〕。実際、年齢を経てから、住まいを分けることで円
滑な関係を築いている夫婦の話も耳にするようになりました。
「夫源病」の予防はもちろんのこと、女性の経済力が向上し、健
康寿命が延びることが予想される中で、夫婦の生活の在り方も、
お互いの事情に応じて多様化していくことが求められているので
はないでしょうか。さらに、社会としても固定的価値観にとらわ

[図表1-18] 「「結婚観」に関するアンケート調査」

(%)

凡例:
□ 自分もしてみたい
■ 自分はしたくないが理解（許容）はできる

	男性	女性	男性	女性	男性	女性	男性	女性	男性	女性	男性	女性	男性	女性
	[恋愛結婚]		[さずかり婚]		[事実婚]		[週末婚]		[いきなり婚]		[別居婚]		[契約結婚]		[とり婚]	
自分もしてみたい	59.3	71.0	9.4	10.3	12.3	13.8	10.3	23.4	13.0	14.1	8.4	18.5	7.7	13.7	11.8	10.5
自分はしたくないが理解（許容）はできる	9.2	9.3	34.6	48.0	33.4	41.8	22.7	32.8	26.1	33.9	21.0	33.4	23.7	33.8	18.9	29.3

出所：パートナーエージェント

れずに、多様化を許容する寛容さがあってもよいと考えます。

　国立社会保障・人口問題研究所[13]によれば、2020年時点で50〜59歳の男性の未婚率は、28.25％（1990年時点5.57％）、女性は17.81％（1990年時点4.33％）であり、1990年時点と比べると、約5倍近くまで増加しています。今まで仕事に専念してきた未婚女性の中には、入籍まではしなくても、将来を支え合える「友達以上恋人未満」のパートナーを見付けて、一緒に暮らしたり、住まいは異なっても定期的にお互いの家を行き来して過ごす、というライフスタイルも今後は増えてくるのではないでしょうか。

コラム

ミドル・シニアの婚活事情

結婚相談所パートナーエージェント　成婚コンシェルジュ　小崎佳澄氏

Q 結婚のために活動（以下、婚活）をされる中高年世代の方々は、昔と比べて違いはありますか。

　現在の女性たちの多くは仕事を持ち、経済力や地位も向上していますので、婚活を行う上で男性に対して重視しているものが変化しています。以前は、女性の多くは、経済的安定を求め、パートナーに対して年収要件を重視していました。現在は、将来に向けて一緒に生きていきたいと思えるパートナーかどうかという点を重視している女性が増えています。一生懸命仕事をこなし、家庭や子どもを持つ機会を得ないまま（あるいは持つことを考えない）年齢を経ている女性は少なくありません。そのような女性たちは、年収も高いので、将来、一緒に過ごせて、心の安定が得ら

13　国立社会保障・人口問題研究所「人口統計資料集（2022年版）」。

れる男性を求めているのだと思います。

　しかし、40歳代後半以降の男性は、いまだに女性が家事を担い、男性が稼ぐ、という意識を持っている方も少なくありません。加えて、男女ともに年齢が若い方を望んでいます。女性の場合は、平均寿命が長いので、10歳程度、年齢が若い男性が自分と丁度よいくらいだと思っているようです。男性は子どもが欲しい方もいるので、若い女性の方を探しておられる方が多いです。結婚相談所に申し込んでこられる段階では、男女ともに希望と現実にギャップが生じています。

Q どのような方々が婚活を通じてうまくパートナーを見付けることができるのでしょうか。

　どちらが何をやるというのではなくて、２人で一緒に協力して１つのものを作り上げていくという意識を持てる方々が自分にとって良いパートナーを見付けています。お互い相手を尊重することができるということが大切なのです。結婚相手に対して求める年齢や家事分担などはあくまでも自分の価値観ですので、そこに固執する方はうまくいきません。自分の心の中で、重視をしているものをきちんと理解した上で、相手に求める外形的な条件については、必要に応じて方向転換ができる柔軟性のある方が、男女ともにパートナーを見付けられるケースが多いと感じます。お付き合いしてみると、同じくらいの年齢のほうが話も合って、価値観も合い、結果的によかったという方々は少なくありません。もちろん、歳の差が開いているカップルや、男性のほうが女性よりも若いカップルでご結婚されるケースもありますが、中高年の場合は、同じくらいの年収や年齢で、志も似ていて、休日はお互いを高め合えるような相手と結婚されている方々が多いと感じます。

Q 結婚後も長く続いている方々の特徴を教えていただけないでしょうか。

　仕事をしている女性が多いことから、家庭内でも対等な立場を

望んでおられる女性が多くなっています。離婚に至るケースはいろいろありますが、昔は、夫の収入が少なくても、我慢してでもこの人と一緒にいなければならないという感じでしたが、今の女性は収入があるので、離婚しやすくなっています。そのため、目指すべき結婚生活に対する意識を共有するためのコミュニケーションをきちんと取ることが重要です。結婚前の段階で、普段は仕事が忙しいので、土日しかパートナーと一緒に過ごせないが、その代わり土日はこういうことをしたいといった形で、仕事の状況や、時間の使い方を話される方が多いです。お互い事前にいろいろなことを話した上で結婚することで、不安を持たずに自由な生活を維持しつつも、頼れる存在がいるという気持ちの安定感も持てるようです。

　ただし、交際の段階ではお金のことをお話する人は少ないです。結婚相談所の場合は、年収はわかるのですが、貯金の額やお金の使い方まではわかりません。結婚相談所では、マネー相談会も行っているのでそこに一緒に行ってきっかけをつくられる方もいます。交際の段階でお金の話を聞くと、尋問を受けたように受け止められる男性もいるので、趣味や友人・会社との食事会などの話を交えながら、お金の使い方について、間接的にお尋ねになっているようです。

　男性の年収よりも、いかに自分を大事にしていくかという点を重視している方が多いので、生活にかかる費用は自分が出すのでやってほしい家事などを明確にする方もいます。最近では、パートナーは探していても、週末婚や事実婚という形を望む方も増えてきています。

Q 日本社会における中高年の結婚はどう変化していくと思われますか。

　昔は、配偶者が亡くなった後は、再婚等をせずにお迎えの日が来るのを待っていた方が多かったと思いますが、今は、自分の幸せのために、歳をとっても再婚する方（あるいは再婚を希望する方）は増えてきています。体力的、精神的な面でも今の中高年世

代は若いと感じますので、人生の豊かさのために、いくつになっても良いパートナーを見付け、一緒に過ごすことは大切なことだと思います。

Q 中高年になっても良いパートナーに巡り合うための秘訣を教えていただけないでしょうか。

　身なりを整えて、健康で清潔であることがとても大切です。女性であれば、家にいてもきちんと化粧をするという意識の高さがあってもよいと思います。身なりをきれいにしなくなるのは、人生をあきらめるということと同じですし、誰かに出会いたいという願望がないからきれいにしなくなるのではないでしょうか。人間としての幅を広げていくという意味では、仕事だけではなく、趣味を持ち、友人を持つことも大切です。人生をあきらめずに、何かの目標に向かっている人は輝いていますし、男女ともに誰かにとって素敵にみえる瞬間があります。そこを何よりも大事にされたらよいと思います。

第 2 章

女性の定年とお金

1 女性が考えるべき今後のお金[1]

　第1章では、今後、定年を迎える女性が徐々に増えることについてお話ししました。今までは、多くの女性が結婚や出産を機に正規雇用の仕事を辞めていたため、定年というと男性の問題でしたが、これからは、女性にとっても真剣に考えるべき問題です。女性の社会進出に伴い、生涯未婚、あるいは、結婚しても子どもを持たずに夫婦共働きで働き続ける女性が増えるなど、私生活も多様化しています。女性は男性よりも平均寿命が長く、その寿命も年々延びています。昔に比べて、お金に係る問題について、家族など周囲の人に任せるのではなく、自分で責任を持って準備を行うことが求められている時代といえます。

　それでは、準備のためには何が必要なのでしょうか。現在の貯金や受給できる年金の金額、今後必要となる生活費等、全体を整理した上で、住宅の維持、病気や事故、親族等の介護への備え、といった想定外の出費を検討することが必要です。さらに、配偶者等の相続対策や、自身の終活の準備をしておくと万全です。本章では、老後に必要なお金、再就職、相続や介護、終活の準備等について、働く女性が知っておくべき金融知識や国の制度等についてお話しします。

1　本節は小島明子＝橋爪麻紀子＝黒田一賢『「わたし」のための金融リテラシー』（金融財政事情研究会、2020年）を一部引用して掲載。

① 日常の生活費の収支と資産・負債の状況を整理する

　定年を迎える女性にとって、一番の関心事や不安は、老後のお金の問題ではないでしょうか。寿命や健康状態、生涯賃金、家族の有無等によって、老後に必要な金額は人それぞれ異なります。寿命を知ることはできないため、正確な金額の試算が難しく、完全に不安をなくすことはできません。しかし、日頃かかっている生活費の収支や資産・負債の状況から、将来、必要な金額を予想し、心の準備をしておくことはできます。たとえ、途中で見通しが狂ったとしても、何も考えていなかったときに比べれば、軌道修正もしやすく、焦ることも少ないのではないでしょうか。

　まずは、日常の生活（住居費、食費、光熱費、交際費等）にかかる費用を把握すれば、老後、月々どれくらいの生活費がかかるかを知ることができます。高齢になると、現役時代に比べて生活にかかる費用は少なくなると思いますので、約 7 ～ 8 割程度と見込んでおくとよいのではないでしょうか。月々の収入については、公的年金や、再就職をしていれば仕事の収入等が加わります。年金の受取額を知りたいときは、毎年誕生月に年金定期便が送付されますので、年金記録や年金見込額の確認をすることができます。一方、資産については、住宅（持ち家の場合）、金融資産、退職金等、負債については、住宅ローン（残債がある場合）等を把握することで、全体の資産状況を把握することができます。老後のお金を考える上では、日頃の「キャッシュフロー」と「資産・負債」といったこの 2 つの軸で、自分の資産を把握することが求

められます。

2 女性のおひとりさまに必要な老後の資金、最低2000万円

　生命保険文化センター[2]によれば、夫婦2人で老後生活を送る
上で必要と考える最低日常生活費は月額で平均22.1万円となって
います。ゆとりある老後生活を送るための費用として、最低日常
生活費以外に必要と考える金額は平均14.0万円となっています。
その結果、「最低日常生活費」と「ゆとりのための上乗せ額」を
合計した「ゆとりある老後生活費」は平均で36.1万円であること
が指摘されています。ゆとりのための上乗せ額の使途は、「旅行
やレジャー」が最も高く、「趣味や教養」「日常生活費の充実」と
続いています。誰もが、老後は、友人や家族と旅行を楽しんだ
り、趣味やお稽古事を楽しみたいのではないでしょうか。

　男性の平均寿命は81.47年、女性の平均寿命は87.57年ですの
で[3]、例えば、65歳で退職をした場合に、ゆとりある生活費のた
めに必要な費用総額の概算を、参考までに44〜45頁で試算をして
います。あくまでも試算ですので、個々人の状況や経済環境等に
よって、変動は発生します。

　総務省[4]によれば、65歳以上の夫婦2人が実際に支出している
費用は22万4390円、単身世帯は13万3146円ですので、おおよそ単
身世帯となると70％程度となります。未婚等で一人暮らしの女性

2　公益財団法人生命保険文化センター「生活保障に関する調査」（令和元年度）。
3　厚生労働省「令和3年簡易生命表の概況」。
4　総務省統計局「家計調査年報（家計収支編）令和2年（2020年）」。

の場合は、周囲からの支援が少ない可能性も想定し、夫婦で必要な金額の80％と設定して試算しています。これらの金額から、年金で給付される総額を引くと、年金以外に準備が必要な金額の目安を出すことができます。

　厚生労働省[5]によれば、厚生年金保険（第 1 号）老齢年金受給権者の平均年金月額は、男性17万391円、女性10万9205円ですので、それを概算値（男性17万円、女性10万円）として活用すると、必要な貯金の金額の目安も計算できます（ただし、年金月額は人によって異なりますのでご注意下さい）。

　ゆとりある老後の生活費をベースとするか、最低日常生活費をベースとするかでも必要な金額は変わりますが、44～45頁のように計算をしてみると、最低日常生活費で生活をしていた女性のおひとりさまが88歳まで生きた場合は、生活費だけで老後の資金が最低約2000万円は必要になると試算されます。

　しかし、実際は、ご自身の日常生活費などを参考にしながら、試算されるとより実態が把握できるかと思います。このほか、65～89歳までの医療費の自己負担額（概算で約200万円[6]程度）と、後述する介護に関する費用を見込んでおく必要があります。女性も正規雇用で定年までバリバリと働き、稼いでいる女性であれば、年金の額も増えますし、再就職等で少しでも収入があれば、月々、貯金から持ち出す金額も減ります。日々の生活設計の見直しや再就職活動、病気にかからないよう健康的な生活の維持・向上を目指し、計画を立てておくことが大切だといえます。

5　厚生労働省「令和 2 年度　厚生年金保険・国民年金事業の概況」。
6　平成29年版　厚生労働白書。

「ゆとりある老後生活費」を平均36.1万円で試算した場合

①－1　夫婦2人でいられる年齢を82歳と仮定した場合に準備をしておく金額の目安

　　17年×12カ月×36万1000円＝7364万4000円

　　7364万4000円－（17年×12カ月×27万円（夫婦2人の年金額））＝1856万4000円（給付される年金以外に準備をしておく金額の目安）

①－2　夫（寿命82歳と仮定）との死別後、女性1人で88歳まで生きると仮定した場合に準備をしておく金額の目安

　　6年×12カ月×36万1000円×70％（仮定）＝1819万4400円

　　1819万4400円－（6年×12カ月×10万円（女性1人の年金額））＝1099万4400円（給付される年金以外に準備をしておく金額の目安）

②　未婚等で女性の一人暮らしの場合に準備をしておく金額の目安

　　23年×12カ月×36万1000円×80％（仮定）＝7970万8800円

　　7970万8800円－女性1人の年金額＝給付される年金以外に準備をしておく金額の目安

　　7970万8800円－（23年×12カ月×10万円（女性1人の年金額））＝5210万8800円（給付される年金以外に準備をしておく金額の目安）

「最低日常生活費」を月額平均22.1万円で試算した場合

①-1　夫婦2人でいられる年齢を82歳と仮定した場合に準備をしておく金額の目安

　　17年×12カ月×22万1000円＝4508万4000円

　　4508万4000円－（17年×12カ月×27万円（夫婦2人の年金額））→収支は999万6000円のプラス

①-2　夫（寿命82歳と仮定）との死別後、女性1人で88歳まで生きると仮定した場合に準備をしておく金額の目安

　　6年×12カ月×22万1000円×70％（仮定）＝1113万8400円

　　1113万8400円－（6年×12カ月×10万円（女性1人の年金額））＝393万8400円（給付される年金以外に準備をしておく金額の目安）

②　未婚等で女性の一人暮らしの場合に準備をしておく金額の目安

　　23年×12カ月×22万1000円×80％（仮定）＝4879万6800円

　　4879万6800円－女性1人の年金額＝給付される年金以外に準備をしておく金額の目安

　　4879万6800円－（23年×12カ月×10万円（女性1人の年金額））＝2119万6800円（給付される年金以外に準備をしておく金額の目安）

3 おひとりさまや再婚を考えている女性が 事前に知っておくべき年金制度

　定年後も働き続けるため年金がなくても十分ゆとりのある生活ができる女性、あるいは、貯金も少なく生活費の捻出が厳しい女性など、生活の状況次第では、年金の繰上げや繰下げ制度の利用も可能です。

　現時点の制度では、公的年金の支給開始年齢は、65歳ですが、希望すれば60歳から早目に受け取ること（繰上げ）や支給年齢を65歳超最長70歳までの間に先延しにすること（繰下げ）ができます。繰り上げると、生涯に受け取る金額は減額されてしまいます。厚生年金を受給する人が繰上受給を行う際には、厚生年金と国民年金の繰上げを同時に行う必要があります。加えて、繰上手続を行うと、障害基礎年金、寡婦年金が受け取れなくなるなどのデメリットには注意が必要です。一方、繰り下げると、逆に受取額が生涯増額されます。長生きができる人にはメリットといえますが、寿命ばかりはわかりません。受取額が増えれば、その分、税金や社会保険料の負担が増えるなどのデメリットもあります。

　また、女性は男性よりも平均寿命が長いため、配偶者が亡くなった後の年金制度も気になるところです。国民年金や厚生年金の受給資格のある配偶者（夫）が亡くなった場合、一緒に暮らして生計を維持していた妻は、遺族年金を受け取ることができます。受給の要件を満たせば、亡くなった配偶者が第1号被保険者であった場合には遺族基礎年金が、亡くなった配偶者が第2号被保険者であった場合は遺族基礎年金と遺族厚生年金が給付されます。

　遺族基礎年金の場合は、子ども（原則18歳の年度末まで）を持つ配偶者、または子どもが受け取ることができますが、遺族厚生年金の場合は、亡くなった人と生計を維持されていた遺族のうち、最も優先順位の高い人が受け取れます[7]。30歳以上の妻は、子どもの有無にかかわらず、再婚をしなければ、受け取ることができます。

　過去に共働きをしてきた夫婦の場合、仮に、夫の遺族厚生年金のほうが妻の老齢厚生年金よりも多い場合は、妻の老齢厚生年金との差額分は、妻に対して支払われることになります（妻の老齢厚生年金のほうが多い場合は、差額がないため夫の遺族厚生年金が支払われることはありません）。夫が亡くなった後、再婚を検討される際には、その年金の差額分についても、判断材料にされることが大事だと考えます。

④ 女性が定年後（60歳以降）に働き続ける場合の年金と給付の仕組みを知っておく

　女性は、一般的には男性よりも平均寿命が長いため、健康なうちはできるだけ長く働き、収入を得て、貯金を増やしておきたいと考える方は多いのではないでしょうか。しかし年金を受け取りながら、仕事を続けるときに、年金が減額されるのではないかという点が気になるところです。

　定年後、厚生年金に加入せずに働き続ける人は、年金を全額受け取ることができます。しかし、勤務先で厚生年金に加入したま

7　日本年金機構ホームページ。

ま60歳以降も働き続ける場合は、「在職老齢年金」制度の対象となります。「在職老齢年金」とは、一定以上の所得のある高齢者への年金支給を制限する仕組みになっており、厚生年金の被保険者として保険料の支払が続き、給与等の金額によっては、老齢厚生年金の受給額が減額される場合があります（老齢基礎年金は全額支給されます）。

基本月額（加給年金額を除いた老齢厚生（退職共済）年金（報酬比

〔図表2－1〕　高年齢雇用継続給付金

受給資格	基本手当（再就職手当など基本手当を支給したとみなされる給付を含む）を受給していない方を対象とする給付金で、原則として60歳時点の賃金と比較して、60歳以後の賃金（みなし賃金を含む）が60歳時点の75％未満となっていて、以下の2つの要件を満たした方が対象となる。 1．60歳以上65歳未満の一般被保険者であること。 2．被保険者であった期間（雇用保険の被保険者として雇用された期間のすべて）が5年以上あること。
支給期間	被保険者が60歳に到達した月から65歳に達する月まで。
支給要件	1．支給対象月の初日から末日まで被保険者であること。 2．支給対象月中に支払われた賃金が、60歳到達時等の賃金月額の75％未満に低下していること。 3．支給対象月中に支払われた賃金額が、支給限度額※未満であること。 4．申請後、算出された基本給付金の額が、最低限度額※を超えていること。 5．支給対象月の全期間にわたって、育児休業給付または介護休業給付の支給対象となっていないこと。 ※この金額は、「毎月勤労統計」の平均定期給与額により毎年8月1日に改定される。

出所：厚生労働省ホームページより筆者作成

例部分）の月額）と、総報酬月額相当額（（その月の標準月額））＋
（その月以前 1 年間の標準賞与額の合計）÷12）が、47万円以下の場
合は全額支給となりますが、47万円を超える場合は、超えた分の
2 分の 1 が支給停止となります。働きすぎると損をするイメージ
も受けますが、在職中に納めた厚生年金の保険料は、加入期間に
応じて退職後の年金に追加されますので、将来の年金受給額が増
えます。配偶者が第 3 号被保険者の場合、60歳になるまでは、国
民年金の保険料を納める必要はありません。保険についても、健
康保険が適用されるというメリットもあります。

　また、60歳以後の継続雇用や再就職で収入が大幅に減った場合
には、一定の基準を満たせば、65歳まで高年齢雇用継続給付や高
年齢再就職給付金を受けられます。高年齢雇用継続給付の場合
は、最大で新しい給与の15％に相当する給付金を65歳まで受け取
れ、給与が下がった人ほど給付割合が高くなっています。ただし、
在職老齢年金との併用の際には、高年齢雇用継続給付の給付額に
応じて、年金の一部が支給停止される場合があるため、年金事務
所に確認されることをお勧めします〔図表 2 － 1〕〔図表 2 － 2〕。

〔図表 2 － 2〕　高年齢雇用継続給付のモデルケース

> 60歳到達時の賃金月額が30万円である場合の支給額の例
> 1．支給対象月に支払われた賃金が26万円のとき
> 　賃金が75％未満に低下していないので、支給はなし。
> 2．支給対象月に支払われた賃金が20万円のとき
> 　低下率が66.67％で61％を超えているので、支給額は 1 万6340円。
> 3．支給対象月に支払われた賃金が18万円のとき
> 　低下率が60％なので、支給額は 2 万7000円。

出所：厚生労働省ホームページより筆者作成

⑤ 年金の金額が少ない女性は、公的年金以外の年金づくりを視野に

　前述したとおり、厚生年金保険（第1号）老齢年金受給権者の平均年金月額は、男性17万391円、女性10万9205円ですので、働いてきた女性の年金の金額は決して十分とはいえません。公的年金制度だけでは十分ではないと感じ、老後資金の追加準備を行いたい人には、NISA（少額投資非課税制度）やiDeCo（個人型確定拠出年金）のほか、保険会社の個人年金保険に加入するという選択肢があります。NISAやiDeCoは、コラムで詳しく説明していますので、本節では、保険会社の個人年金について説明します。

　個人年金保険には、主に「終身年金」「有期年金」「確定年金」の3つの種類があります。「終身年金」は、死ぬまで一生涯受け取ることができます。年金受取開始後、死亡した時点で契約が消滅しますので、長生きできればお得ですが、寿命が短い場合は、受取年金総額が払込保険料総額を下回ることがあります。「有期年金」は、一定の年金受取期間内かつ生存していれば、年金が支払われます。年金受取期間満了前に死亡した場合は、受取年金総額が払込保険料総額を下回ることもあります。「確定年金」は、保険金額、生存にかかわらず、年金受取期間は年金が支払われます。仮に、年金受取期間内に死亡した場合は、遺族に支払われますので、受取年金総額が払込保険料総額を下回ることはありません。寿命はわかりませんので、いずれのタイプを選ぶかは、個人の判断次第となります。

　税金面のメリットとしては、一定の金額の所得控除（生命保険

料控除）を受けることができます。途中解約を行うと元本割れをしてしまうリスクや、インフレリスク、保険会社の破綻リスクなどを踏まえると、リスクがゼロではない点には注意が必要です。

　年金の制度はやや複雑でわかりづらいところも多いのが現状です。日本年金機構のホームページで、年金事務所等の住所が調べられます。書籍や各種ホームページ等で関連情報を収集して、一定の知識を学びつつ、詳しいことは、お近くの年金事務所等で相談されることをお勧めします。

コラム

知っておこう、NISA（少額投資非課税制度）[8]

　NISA（少額投資非課税制度）とは、少額からの投資を行うための非課税制度のことを指します。NISA専用の口座で購入した株式や株式投資信託等から得られる配当金や分配金、譲渡益が非課税となります。現在は、一般NISAとつみたてNISA、ジュニアNISAの３種類があります。このコラムでは、女性がまずは自分のために利用するという想定で、一般NISAとつみたてNISAを中心にお話しします。ただし、税制の改正によって、2024年以降はNISAの制度が変わる予定です。現行の一般NISAおよびつみたてNISAについては、2023年末で買付を終了し、非課税口座内にある商品については、新しい制度における非課税限度枠の外枠で現行の取扱いを継続することになります。

　一般NISAとつみたてNISAは、日本にお住まいの18歳以上（口座を開設する年の１月１日現在）の方が対象ですが、１人１口座しか開くことはできません。利用する際には、一般NISA、つみ

8　財務省「令和５年度税制改正大綱の概要」（令和４年12月23日閣議決定）の内容をもとに2024年以降の改正内容についてはかっこ書にて補足。

たてNISAのいずれかを選択することになります（2024年以降は税制の改正により、一般NISAの役割を引き継ぐ"成長投資枠"と"つみたて投資枠"は併用が可能）。

　NISAを取り扱っている銀行や証券会社、郵便局などの金融機関に、本人確認書類等、必要書類を提出して、口座を開設します。NISAの取扱状況や取り扱っている金融商品などが異なりますので、各金融機関のホームページをよくご覧になった上で、手続を検討する必要があります。

　つみたてNISAと一般NISAとでは、非課税投資枠と非課税期間、投資可能期間、対象となる金融商品が異なります。

　つみたてNISAの場合には、2018年～2023年の間に投資を行えば、非課税期間は最長20年間（2024年以降の"つみたて投資枠"は無期限）となります。新規投資額は毎年40万円（2024年以降"つみたて投資枠"では120万円）が上限で、非課税投資枠は最大800万円（2024年以降"つみたて投資枠"は"成長投資枠"と合わせて1,800万円）となります。ただし、配当金等が非課税となる金融商品は投資信託やETFなどの一部に限定されており、株式は含まれていません。

　一般NISAの場合は、2014年～2023年の間に投資を行えば、非課税期間は最長5年間（2024年以降"成長投資枠"は無期限）となります。新規投資額は毎年120万円（2024年以降"成長投資枠"は240万円）が上限で、非課税投資枠は最大600万円（2024年以降"成長投資枠"は1,200万円が内数の金額）となります。配当金等が非課税対象となる金融商品には、株式投資信託、国内・海外上場株式、国内・海外ETF、国内・海外REIT等が幅広く含まれます。

　一般NISAとつみたてNISAともに、いつでも売却や払出しが可能です。ただし、購入した金融商品を売却した場合、売却した非課税投資枠を再度利用することはできません。非課税期間満了後も金融商品を保有したい場合、一般NISAでは、一般口座や特定口座等の課税口座に移す方法と、所定の手続を行った上で、NISA専用の口座で翌年の非課税投資枠を利用（ロールオーバー）

する方法があります。ロールオーバーすれば、さらに 5 年間非課税で保有できます（2024年以降は新制度が始まるため、その前までに購入していた非課税口座内にある商品は、ロールオーバーできません）。課税口座に移す場合には、非課税期間満了時の時価が取得価額となり、その後譲渡した際には取得価額を基準に課税されることになります。

　ロールオーバーする際には、ロールオーバーする前年末の最終営業日時点の時価が取得価額となります。翌年の非課税投資枠の上限額を超えていても、全額ロールオーバーすることができますが、その年の非課税投資枠は利用できません。上限額を超えない金額をロールオーバーした場合は、残額を利用して、新規に金融商品の買付けを行うことができます。非課税期間が終了する段階になると、（現状では）課税口座に移すことになります。

　つみたてNISAの場合は、一般NISAのようなロールオーバーはできません。非課税期間満了後も金融商品の保有を行う際には、NISA専用の口座に預入れしていたETFや株式投資信託は、特定口座や一般口座などの課税口座に移され、NISAの口座で保有していた間の値上り分には課税されません。

　NISAが注目される最も大きな理由は税金面でのメリットです。現在、上場株式の配当金に対する源泉徴収税率は合計20.315%、株式の譲渡所得に対する申告分離課税の税率は合計20.315%です。NISAは、前述したとおり、専用の口座で購入した金融商品の配当金、譲渡益等が非課税になります。

　一方、NISAで取引した損益は、他の口座と損益通算ができず、損失を翌年以降に繰り越すことができないことはデメリットです。前述したとおり、非課税期間満了時に、一般口座や特定口座に移した場合は、非課税期間満了時の時価が取得価額となることがデメリットになる場合もあります。売却時に、当初の購入価格と比べて損失が出ていても、非課税期間満了時の価格より値上りしている場合は課税対象となります。

　iDeCoとは異なり、NISAで取引できる金融商品には、定期預金など元本保証の商品は含まれていません。NISAを利用される

際には、金融商品に関する知識をしっかりと学び今後の経済情勢などを考えた上で、判断することが大切です。

知っておこう、iDeCo（個人型確定拠出年金）の仕組み

　新聞や雑誌などでiDeCo（個人型確定拠出年金）の記事をご覧になった方も多いのではないでしょうか。確定拠出年金には、①企業が退職金として運用する企業型と、②個人が運用する個人型の２つの種類がありますが、iDeCoは後者（②）に該当します。毎月一定の金額を積み立て（＝掛金を拠出する）、あらかじめ用意された金融商品を自ら選んで資産形成を図る年金制度のことです。

　日本在住の20歳以上65歳未満の方で、自営業者に加えて、企業年金に加入している会社員、公務員や専業主婦等も含め、多くの方が加入できます。2022年10月からは、企業型確定拠出年金加入者の加入要件が緩和され、企業年金規約の定めによりiDeCoに加入できなかった方もiDeCoに加入できるようになりました[9]。

　iDeCoは、掛金の上限金額（年間）の範囲内で、月々5000円以上1000円単位で掛金を決めますが、2018年からは、必要な手続を行えば、加入者が決めた月にまとめて支払うことも可能となっています。国民年金連合会が運営する「iDeCo公式サイト」[10]では、加入資格に加えて、掛金の上限金額（年間）の詳細を確認することができます。

　iDeCoに加入すると、税金面で主に３つのメリットが得られます。

　１つ目は、掛金が所得控除となることです。「iDeCo公式サイト」のシミュレーション[11]を使うと、税負担の軽減金額を調べること

---

[9] https://www.ideco-koushiki.jp/special/column/09.html
[10] https://www.ideco-koushiki.jp/

ができます。

　2つ目は、加入者の事情に応じて控除が受けられることです。年金として受け取る場合は公的年金等控除、一時金の場合は退職所得控除の対象となります。

　3つ目は、掛金の運用で得られた利益が非課税になることです。投資信託を選んで運用し分配金が支払われた場合は、課税されず投資信託へ再投資されます。

　しかし、iDeCoは、年金を形成するという長期的な資産運用であるがゆえに、デメリットもあります。掛金は60歳になるまで支

〔図表2-3〕　iDecoの拠出限度額

（第1号被保険者） 自営業者		月額6.8万円 （年額81.6万円） （国民年金基金または 国民付加保険料との 合算枠）
（第2号被保険者） 会社員、公務員等	会社に企業年金がない会社員	月額2.3万円 （年額27.6万円）
	企業型DCに加入している会社員	月額2.0万円 （年額24.0万円）
	DBと企業型DCに加入している会社員	月額1.2万円 （年額14.4万円）
	DBのみに加入している会社員	
	公務員等	
（第3号被保険者） 専業主婦（夫）		月額2.3万円 （年額27.6万円）

注：DB：確定給付企業年金、企業型DC：確定拠出年金
出所：iDeCo公式サイト（https://www.ideco-koushiki.jp/start/）

払い、60歳以降に老齢給付金として受け取ります。2022年4月からは、法律が変わり、iDeCoの老齢給付金の受給開始時期を60歳（加入者資格喪失後）から75歳までの間で、ご自身で選択することができるようになりました。掛金の減額や停止（それまでに支払った掛金分の運用は継続される）はできますが、原則として60歳まで資産を引き出すことができません。60歳までに死亡した場合には、遺族が一時金として給付金を受け取ることになり、相続税の対象になります。

　実際にiDeCoに加入する場合、iDeCoを取り扱う多くの金融機関の中から希望する金融機関を1社選んで加入手続を行います。金融機関により提供している金融商品の種類や口座の管理にかかる手数料などが異なります。

　また、金融商品については、一般的には、投資信託と元本確保型の商品（例：定期預金、保険）が提供されていますが、投資信託の場合は、株式市場等の影響で元本を下回る可能性があります。金融商品は運用途中に変更できますので、元本を下回るリスクの高い商品の選定は、金融商品の勉強をしてからでも遅くはありません。投資信託を選択するための十分な金融知識がない場合は、元本確定型の金融商品を選択し所得控除を受けるのも一案です。

　精神的、経済的に女性が一生自立して生きていくためには、長期的な視野で自分の老後のための資産形成を行うことが大切です。メリット、デメリットを把握することが前提となりますが、老後の年金の準備のためにiDeCoへの加入を考えてみてはいかがでしょうか。

定年女性が求める事務職は幻の職種、公的機関で幅広く職探しを

①

定年まで働き続けた女性の中には、働くことが好きで定年後も仕事を続けたい方や、社会と関わっていたいから仕事を続けたい方も少なくないでしょう。男性も同様ですが、定年後の再就職先を見付けるのは、簡単なことではありません。

定年後の再就職先が見付からない場合、多くの人が活用するのが公的機関となります。現在、ハローワークのシニアコーナーで求人が多いのは、警備、マンションの管理人、ビル清掃、学校の用務員などです。中小企業の事務職の採用ニーズ自体は少なく、倍率は高くなっています。実際、事務職にこだわり100社応募する人や、逆に、１つの事務職の求人に100人近くが応募するケースもあると聞いたことがあります。第１章では、女性が希望する職種で「一般事務・サポート」が多いことを挙げましたが、どうしても職を得ることが必要な場合、希望していた事務職での就職が決まらなければ、職種転換の道も考えなければなりません。

公的機関の就職支援講習では、求人が多い業界（介護、マンション管理人、警備員、ビル清掃、調理等）の業界団体と連携して再就職支援を行っているところもあります。最近では、社会へ貢献しながら報酬を得たいという理由から、介護関連のコースを受講するケースも増えていると耳にします。介護業界は人手不足であり、即戦力としての活躍が求められます。施設介護の場合は、施

設で働く方々との人間関係にも気を使いますが、在宅介護の場合は、担当のお客さまのところに訪問して介護を行うことが中心となるため、ご家族や要介護者と良好な人間関係を築けると、在宅介護の仕事のほうが合っているといって、高齢になっても働き続ける人もいます。定年前の女性でも、どのような講習があるかということを定年前から調べておいて損はないでしょう。

　また、職業を検索するための公的サービスとしては、ハローワークインターネットサービス[12]が挙げられます。再就職活動をきっかけに、職業情報を調べることで、今まで知らなかった職業を知り、関心を持てれば、自分の可能性を広げるきっかけにもなります。定年後のキャリアを考えたタイミングで、キャリアカウンセリングの活用をするのも一案です。定年後に焦って往訪するのではなく、どのような仕事やサービスがあるのか、早いうちに調べてみてはいかがでしょうか。

　公的機関以外にも民間の人材派遣会社の活用をすることも可能です。就労を希望する高齢者を対象に、仕事を紹介しているマイスター60では、「年齢は背番号　人生に定年なし®」との思索を経営の基軸として、高齢者の雇用に取り組んでいます。現在に至るまでおよそ8000名の高齢者の雇用の創出を実現しています。同社に登録を行う高齢者の中には、部長・課長クラスの人や、早期退職して再就職を目指す人もいます。大企業出身者であれば、転職経験が全くない人も多く、初めてのキャリアチェンジとなる人が多いと聞きます。募集している求人としては、ビル設備管理、

---

12 https://www.hellowork.mhlw.go.jp/

建築・土木・施工管理、経営管理事務（経理・人事総務）、マンション管理員などが挙げられます[13]。しかし、定年を機に、ポータブルスキル[14]（詳しくは第 4 章のコラム「ポータブルスキル」で紹介）があれば、募集している職種や今までに所属していた業界にとどまらずチャレンジすることもできると考えます。

　厚生労働省編職業分類によれば、職業の数は約 1 万7000種類に上るといわれています。第 1 章でも述べましたが、仮に60歳を区切りとしても、20年で80歳、その後の20年で100歳です。健康な体と柔軟性さえあれば、様々な仕事にチャレンジすることができるのではないかと感じます。

② 定年女性が受け取れる失業給付の仕組み

　会社員が離職した後、働く意思と能力を持って、求職活動を行っているにもかかわらず就職できない場合に、雇用保険の失業給付（基本手当）が支給されます。これは、定年退職をした人も同様です。定年まで一生懸命働いてきた女性であれば、きちんと手続を行うことで、失業給付を受け取ることができるのです。

　失業給付（基本手当）を受給するためには、離職前の 2 年間の被保険者期間が12カ月以上（倒産・解雇等の理由により離職した場合は離職前の 1 年間に被保険者期間が 6 カ月以上でも受給資格を取得します）必要になります（被保険者であった期間のうち、賃金の支払の基礎となった日数が11日以上ある月を被保険者期間 1 カ月として

13　小島明子『中高年男性の働き方の未来』（金融財政事情研究会、2022年）。
14　厚生労働省「ミドル層のキャリアチェンジにおける支援技法」。

計算します)。

　失業給付(基本手当)の支給を受けることができる日数(所定給付日数)は、受給資格に係る離職の日における年齢、雇用保険の被保険者であった期間(算定基礎期間)や離職理由等によって決定されます。倒産や解雇の場合は、一般の離職者に比べると、制度が手厚くなっています。60歳以上65歳未満、定年退職で辞め、20年以上雇用保険に加入をしている場合、給付日数は最大で150日となります。このほか、雇用保険の失業等の給付の就職促進給付のうち、就業促進手当として、再就職手当や就業促進定着手当、就業手当があります。詳しくは、ハローワークインターネットサービス[15]で概要を確認することができます。

---

15 ハローワークインターネットサービス (https://www.hellowork.mhlw.go.jp)。

3 女性の長生きリスクに備える[16]

1 高額療養費制度は、高額な医療費の強い味方

　歳をとって、想定外の出費になってしまうのが医療費です。日頃から健康に気を使っていても、誰でも病気にかかったり、けがをする可能性はあります。特に、女性は男性よりも長く生きる可能性があるので、長生きリスクに備える必要があるでしょう。とはいえ、日本では、高額療養費制度が整備されていますので、健康保険が利用できれば、驚くほど高額な医療費を請求されることはありません。医療機関や薬局の窓口で支払う医療費が1カ月（暦月：1日から末日まで）の上限額を超えた場合、その超えた額を支給する「高額療養費制度」が整備されています。

　しかし、医療にかからない場合でも必要となる食費や住居費、入院時の食事負担や患者の希望によってサービスを受ける差額ベッド代は保険の対象になりませんので自己負担となります。さらに、先進医療にかかる費用は治療を受けた人が全額負担をしなければならず、多くの費用を負担しなくてはならない可能性があります。先進医療特約を追加できる医療保険もありますので、必要に応じて検討されるとよいでしょう。

　医療保険の保険料を支払った場合は、所得控除（生命保険料控除）の対象となり、確定申告や年末調整を通じて控除を受けられ

16　本節は小島＝橋爪＝黒田・前掲注1を一部引用して掲載しています。

ます。医療費についてもその年の1月1日から12月31日までの間に自己または自己と生計を一にする配偶者やその他の親族のために医療費を支払った場合において、その支払った医療費が一定額を超えるときは、その医療費の額をもとに計算される金額の所得控除を受けることができます。

病気やけがで保険会社から支払われた給付金は、金額にかかわらず非課税ですが、医療費控除を受ける場合は、病院に支払った医療費から、給付金で補填された金額を差し引く必要がある点に注意が必要です。

② 申請の仕方次第で得する医療費控除[17]の仕組み

医療費控除では10万円を超えた金額で、かつ最高額は200万円となりますが、その金額を超えない場合、家族（自己または自己と生計を一にする配偶者やその他の親族）の中で、一番所得税率の高い人がまとめて申請すると、戻ってくる税額を増やすことができます。医療費が10万円に満たない場合は、総所得金額等が200万円未満の人においては、総所得金額等の5％の金額で、医療費控除を使うことができます。その場合は、総所得金額等が200万円未満の人が医療費控除をしたほうがよいといえます。

一方、200万円を超えてしまった場合においても、家族（自己または自己と生計を一にする配偶者やその他の親族）で負担していれば、1人がすべての金額を申請せずに、分担して申請すること

17　国税庁ホームページ。

ができます。例えば、200万円までは夫が申請をし、残りの金額は妻が申請をするという形が挙げられます。おひとりさまの方の場合であれば、支払った日を変えるという方法もあります。医療費控除は、「その年の１月１日から12月31日までの間に支払った医療費であること（未払いの医療費は、現実に支払った年の医療費控除の対象となります）」とされているため、200万円をその年中に、残りの費用は翌年に支払い、申請を行うというやり方もありますので、病院に相談をされるとよいでしょう。最近では、クレジットカードでポイントを貯めるため、何でもクレジットカードで支払う方も多いですが、仮にクレジットカードを使って、分割払いで支払ってしまった場合は対象外となるので、注意が必要です。

③ 急な出費が心配な女性は民間の保険商品も視野に

　病気やけが等で医療機関にかかる際には、国民皆保険制度が提供されますが、治療の費用等が高額になる場合は経済的な負担が大きくなる可能性があります。急に病気になったときにかかるお金の不安を持っている女性は、医療保険について知っておいてもよいのではないでしょうか。

　世の中には、保険商品がたくさんありすぎて、違いがわかりづらい方も多いと思います。保険の種類は、大きく第一分野から第三分野の３つに分類されています。第一分野は、終身保険や定期保険など生命保険会社が取り扱っている生命保険、第二分野は、火災保険や自動車保険など損害保険会社が取り扱っている損害保

険、第三分野は、生命保険会社と損害保険会社の双方が取り扱っている医療保険やがん保険、介護保険などの保険です。

　病気やけがに備えるという点で、民間の保険会社が提供している医療保険は、病気やけがで入院、あるいは所定の手続を受けたときに給付金を受け取れる保険です。保険金・給付金の種類としては、主に「災害入院給付金」「疾病入院給付金」「手術給付金」「死亡保険金」の４つが挙げられます。

　保険期間のタイプには、「定期型（歳満期・年満期・更新）」と「終身型」があります。「定期型（歳満期）」の場合は、契約当初に定めた年齢までを保険期間とし、その間の掛金は一定です。「定期型（年満期・更新）」の場合は、一定の年数を保険期間として、保険会社の定める年齢まで健康状態に関係なく更新できますが、更新時には保険料が高くなるケースが多くなっています。保険料払込期間は、一般的に保険期間と同一です。一方、「終身型」の場合は、一生涯にわたって保障されますが、一定期間または一定年齢まで払い込む「有期払い」と、一生涯払い続ける「終身払い」があります。どのタイプを選択するかは、ご自身の希望次第です。

　月々の保険料は少額にみえるかもしれませんが、生涯の支払総額となると、決して少ない金額とはいえません。仮に保険商品に加入をされる場合は、契約後に支払う総額はもちろんのこと、保険内容をきちんと理解し、年齢や家族構成等を踏まえて、自分にとって必要な保障を検討の上、契約されることが重要だといえます。

　自立した生活を営んでいく上で、病気やけがに備えることは大

切なことです。学んだ知識をもとに、現在の貯金額や月々必要な
生活費等を勘案し、保険の加入等の有無を判断されるとよいでし
ょう。

4 老後の住まいに必要な維持管理

① 住まいを持っていても安心はできない、購入後にかかる維持費用を準備する

　定年をこれから迎える女性の中には、一軒家やマンションなど、既に自分の住まいを持っているから、老後は安心と思っておられる方も少なくないのではないでしょうか。しかし、不動産を購入して住み続けていると、毎年固定資産税・都市計画税の支払も生じますし、個人として、火災保険や個人賠償責任保険への加入を検討する必要も生じます。

　マンションであれば、月々、管理費、修繕積立金の支払もしなければなりません。住み続けていれば、老朽化に伴い、マンションの外観が悪くなることに加えて、水漏れなどのトラブルも増えてきます。快適に住み続けるためには、約十数年に１回は大規模修繕を、非常に古いマンションですと、建替えを行う必要性も出てきます。毎月支払っている修繕積立金が少ないマンションや、戸数が少ないマンションとなると、大規模修繕を行うための費用が不足してしまう可能性もあります。さらに、労働人口の不足等による建設業界の人手不足や、建材費等の値上りから、大規模修繕にかかる費用も増える可能性があります。

　所有者になると、管理組合をきちんと運営していくために、理事会の参加を求められることもあります。忙しい日常生活の中で、マンションの理事会に参加をすることは大変面倒なことかもしれません。しかし、マンションの住民と協力し合いながら、管

理会社との交渉や、管理組合のお金の管理、管理費等未払者への対応など、マンションの維持・管理に日頃から携わることは、自分が購入した大切な住まいを守ることにつながります。例えば、前述した大規模修繕費用についても、修繕積立金の増額の検討などを含めて、早目に対策を話し合うことができます。

　マンション管理適正化法の改正により、2022年4月からは、マンション管理の評価制度が始まりました。このような制度を活用し、良い評価が得られるマンションであれば、転売をするときにも、価値が上がる可能性もあります。マンションの管理に積極的に携わることによって、マンションを守ると同時に、価値を上げるという攻めの部分があるのです。

② 年々増える気候変動リスク、持ち家を取り巻く水災害リスクへの備え

　ここ数年は、気候変動の影響に伴い、想定外の災害が発生するようになっています。内閣府の試算[18]によれば、火災保険（82%）に比べて、水災（66%）や地震補償（49%）の加入割合は多くありません。保険は、そもそも、軽微な事故等で元を取ろうとするために加入するものではなく、想定外の甚大な災害への備えのために加入するものです。ハザードマップ[19]できちんと確認をし、保険で備えていくことは将来のリスクを減らすことにつながります。火災保険等の保険商品によっては、特約として、個人賠償責任保険に加入することができます。個人賠償責任保険とは、他人

---

18 内閣府「防災情報のページ」。
19 ハザードマップポータルサイト（https://disaportal.gsi.go.jp/）。

の物を壊してしまったときや、他人にけがをさせてしまったときなど、法律上の損害賠償責任を負担する場合に保険金が支払われます。賠償額の上限や示談交渉サービスが付いているか、という点も比較のポイントになります。日常生活に突然起きた事故がきっかけで、高額な損害賠償請求をされるリスクもゼロではありませんので、併せて検討をされるとよいと思います。

　また、マンションに住んでいる方においても、自分が所有している専有部分については、個人で保険加入するということに加えて、共有部分についても保険の加入状況を把握しておくことが必要です。毎年、作成される総会の資料等をみながら、管理組合が加入している保険の種類や、補償の範囲についても確認することが重要です。共有部分については、理事会や管理会社に任せてしまう方もいますが、想定外の災害が発生した場合、共有部分の修繕等にかかった費用は、管理組合の修繕積立金からの持出しとなり、仮に足りなくなってしまった場合は、所有者から一時金の拠出等で対応する可能性もあります。火災保険は多くの建物で加入をしていますが、川沿いのマンションであるにもかかわらず、水災が補償の範囲に入っていなかった、ということがあるかもしれません。新たに保険に加入、あるいは更新する際には管理組合が中心となって、複数の保険会社に対して、基本条件（保険金額や免責金額等）を一律に比較可能な形で見積書を取り寄せて、検討をすることが求められます。

3 住むエリアを変えるという第 3 の選択肢

　内閣府[20]によれば、東京圏在住で地方移住に対して関心がある（「強い関心がある」「関心がある」「やや関心がある」）と回答した人の合計は、コロナ禍前の2019年12月には25.1％でしたが、2022年6月には34.2％まで増えています。地方移住に関心がある理由は「人口密度が低く自然豊かな環境に魅力を感じたため」「テレワークによって地方でも同様に働けると感じたため」「感染症と関係ない理由」「ライフスタイルを都市部での仕事重視から、地方での生活重視に変えたいため」の順で多くなっています。特に、テレワーク等、多様な働き方がしやすい職場に勤めている人であれば、定年後を視野に、住まいを東京圏から地方に変えたいという方もおられるのではないでしょうか。

　移住・交流推進機構の「自治体支援制度検索」[21]では、全国の自治体が行っている「子育て支援」「住宅建築補助」「起業支援」や、「移住体験」「移住者限定」の支援制度を検索することができます。地方に住みたい、と少しでも考えておられる方は、地方の物件を購入する前に、このような自治体の支援制度を調べてみるのも一案ではないでしょうか。

20　内閣府「第 5 回　新型コロナウイルス感染症の影響下における生活意識・行動の変化に関する調査」（令和 4 年）。
21　https://www.iju-join.jp/support_search/index.html

5 準備不足が招く、介護離職

1 親の介護にかかる月々の費用は平均約8万円

　40代、50代に差し掛かり、仕事をしていく上で突然直面する問題の１つに、親の介護が挙げられます。ダイヤ高齢社会研究財団[22]によれば、親のいる50代の男性のうち、「現在介護をしている」「将来可能性がある」と回答した人が半数に上ることが示されています。介護費用の負担においては、約4割の男性が「親の年金や資産で不足する分」を支出せざるを得ないと考えています。今まで介護費用の負担は男性が行うイメージでしたが、働く女性が親の介護の問題に直面するケースも増えると考えます。

　生命保険文化センター[23]によれば、介護を行った期間（現在介護を行っている人は、介護を始めてからの経過期間）は平均61.1カ月（5年1カ月）、介護に要した費用（公的介護保険サービスの自己負担費用を含む）は、月々平均8.3万円というデータもあります。親に貯蓄などがなく、すべてを負担した場合、約500万円近くの金額が必要ということになります。そのような状況に直面する可能性のある人ほど、経済的な事情から、介護離職は避けなければいけません。

22　ダイヤ高齢社会研究財団「50代・60代・70代の老後資金等に関する調査報告書」。
23　https://www.jili.or.jp/lifeplan/lifesecurity/1116.html

② 介護離職防止のために介護休業制度を知っておく

　育児・介護休業法 では、要介護状態（負傷、疾病または身体上もしくは精神上の障害により、 2 週間以上の期間にわたり常時介護を必要とする状態）にある家族を介護する必要のある労働者のための休業制度が設けられています。対象家族 1 人につき、通算93日まで取得が可能で、 3 回まで分割取得できます。

　介護休業期間中は、一定の条件を満たせば、雇用保険から介護給付を受けることができます。給付額は、介護開始時賃金日額（原則として、介護休業開始前 6 カ月間の総支給額（保険料等が控除される前の額で賞与は除いた金額）を180で除した額）×支給日数（原則として30日、ただし、介護休業終了日を含む支給単位期間については、その介護休業終了日までの期間）に67％を掛け合わせた金額となります。このほか、要介護状態にある対象家族の介護を行う労働者には、 1 年に 5 日（対象家族が 2 人以上の場合は10日）まで、介護を行うために、介護休暇制度の取得や、介護のための短時間勤務制度、所定外労働時間の制限が定められています。

　40歳以上からは、介護保険料を支払わなければならないため、原則65歳以上の人（第 1 号被保険者）が原因を問わずに要介護認定または要支援認定を受けたときには、介護サービスを受けられます。第 2 号被保険者でも、加齢に伴う疾病（特定疾病）が原因で要介護認定、または要支援認定を受けたときには、介護サービスを受けられます。要介護は 1 〜 5 の 5 段階、要支援は 1 〜 2 の 2 段階で、要介護認定・要支援認定ごとに、介護サービスを利用

するための区分支給限度基準額が決められており、これらの1割もしくは2割（一定以上の所得がある場合）は自己負担、さらに限度額を超えた利用は全額自己負担となります。介護保険サービスの対象にならないサービスもありますので、介護サービスの利用のために、お金の準備は必要だといえます。

③ 介護に直面した後、どのように休むか、どのように働き続けるか

　仕事と介護の両立という視点で考えた場合、どのように休むか、どのように働くか、という2つの視点で考えておくことが大切です。介護休業はあくまでも準備期間と捉えておく必要があります。もちろん、家族の介護については、育児と違って、いつ直面し、また、いつまで支援が必要なのか見通しが立てづらいこともあります。しかし、家族等の介護に直面した後、介護と両立しながら働き続けるためには、介護の問題に直面する前から、介護に関することを調べておくとよいでしょう。いざ介護に直面すると、慣れない専門用語や制度を調べることに休業期間の時間をほとんど使ってしまうと、職場復帰前に介護離職を考えることになりかねません。そうならないためには、介護の仕組みや、将来介護が必要になる可能性のある家族が住む自治体の介護に関する情報を調べるなど、早目に準備できることには取り組んでおくことが大切です。加えて、勤め先の企業によっては、国よりも手厚い制度を整備しているケースもありますので、勤め先の制度の内容をよく知っておくことも有効です。

　また、働き方という点では、最近では、テレワークが使いやす

くなっている企業も増えてきていますが、テレワークを活用して
も成果が出せる働き方を日頃から心掛けることが大切です。介護
に直面した際、そこまで環境が整っていない場合は、柔軟な働き
方ができるよう職場と調整することが求められます。どうして
も、職場と折合いがつかず、介護離職を検討することが想定され
るようであれば、フリーランスとして働けるよう準備をしておく
ことも一案です。最近では、業務委託で仕事をマッチングする会
社もありますし、介護を機にフリーランスに転向し、そのような
会社をうまく活用している方のケースもあると聞きます。他社へ
の転職、フリーランス等含めて、どのような働き方の選択肢があ
るのか、日頃から関心を持って調べておくとよいでしょう。

6 配偶者や自分の財産の行先を決めておく

1 子どものいない夫婦ほど遺言書の準備をしておく

　相続問題は「争族」と表現されるほど、厄介な問題です。自分の親は、相続が発生するほどの財産はないから問題にならないと思っている方もいるかもしれませんが、相続とは、プラスの財産だけではなく、買手が見付からない土地の処分や、隠れ借金の問題などもあります。

　最近では、子どもがいない夫婦も増えており、例えば、配偶者（夫）が遺言を残さないまま亡くなってしまったがゆえに、配偶者の兄弟姉妹から法定相続分を要求されて、残された妻が嫌な思いをするというケースもあります。

　そのようなことを未然に防ぐために、事前にできる準備としては、遺言書を作成しておくことが大切です。仮に、死亡した人が遺言書をつくっていない場合、相続人全員（相続人に未成年者がいる場合は、その代理人の参加も必要）による遺産分割協議を行う必要があります[24]。遺産分割協議を行った際には、合意した内容について、後で問題が起こらないように、遺産分割協議書を残しておくことも重要です。しかし、相続人全員が参加をして協議を行う必要がありますので、相続人同士が不仲等でそもそも話合いができる状態でなかったり、相続人のうち、一部の人が死亡した

24　三井住友銀行ホームページ。

人の介護の世話をしていたりといった事情があるなど、様々な事情から、相続の合意が長引くリスクもあります。

相続に関して知っておくべき法律用語

相続人の範囲[25]

　死亡した人の配偶者は常に相続人となり、配偶者以外の人は、次の順序で配偶者と一緒に相続人になる。なお、相続を放棄した人は初めから相続人でなかったものとされ、内縁関係の人は、相続人に含まれない。

〈第 1 順位〉

死亡した人の子供

その子供が既に死亡しているときは、その子供の直系卑属（子供や孫など）が相続人となる。子供も孫もいるときは、死亡した人により近い世代である子供の方を優先する。

〈第 2 順位〉

死亡した人の直系尊属（父母や祖父母など）で、父母も祖父母もいるときは、死亡した人により近い世代である父母の方を優先する。第 2 順位の人は、第 1 順位の人がいないとき相続人になる。

〈第 3 順位〉

死亡した人の兄弟姉妹

その兄弟姉妹が既に死亡しているときは、その人の子供が相続人となる。第 3 順位の人は、第 1 順位の人も第 2 順位の人

---

25 国税庁ホームページ。

もいないとき相続人になる。

法定相続分[26]

法定相続分は次のとおりである。なお、子供、直系尊属、兄弟姉妹がそれぞれ2人以上いるときは、原則として均等に分ける。また、民法に定める法定相続分は、相続人の間で遺産分割の合意ができなかったときの遺産の取り分であり、必ずこの相続分で遺産の分割をしなければならないわけではない。

〈配偶者と子供が相続人である場合〉

配偶者2分の1　子供（2人以上のときは全員で）2分の1

〈配偶者と直系尊属が相続人である場合〉

配偶者3分の2　直系尊属（2人以上のときは全員で）3分の1

〈配偶者と兄弟姉妹が相続人である場合〉

配偶者4分の3　兄弟姉妹（2人以上のときは全員で）4分の1

遺留分[27]

亡くなった人（被相続人）は、自身の財産の行方を遺言により自由に定めることができるが、被相続人の遺族の生活の保障のために一定の制約があり、これを遺留分の制度という。遺留分を有する者は、配偶者、子（代襲相続人も含む）、直系尊属（被相続人の父母、祖父母）であり、兄弟姉妹は遺留分を有しない。

26　国税庁ホームページ。
27　日本司法支援センター　法テラスホームページ。

> 遺留分の相続財産に対する割合は、誰が相続人になるかによって異なり、遺留分を有する相続人が複数いる場合は、遺留分を法定相続分により分け合うことになる。

❷ 遺言の無効リスクを回避するためには、公正証書遺言が安心

遺言書を残すときにも注意が必要です。遺言書には、「自筆証書遺言」「公正証書遺言」「秘密証書遺言」の 3 種類があります。

① 自筆証書遺言……「自筆証書遺言」は、遺言をする人が自分で遺言の全文をすべて自筆で書き、捺印をします。証人や立会人を不要としますので費用もかからず、遺言書を作成したことを秘密にすることができます。しかし、法律の要件のとおり作成されていないと遺言が無効になってしまったり、偽造、紛失等をされてしまうリスクもあります。裁判所で検認手続を行うことが必要となりますので、所定の費用もかかります。ただし、2020年 7 月10日からは、各地の法務局が自筆証書遺言を保管する制度が開始されています。法務局が保管をすることで、紛失や改ざんを防止し、家庭裁判所の検認手続も不要となります。

② 公正証書遺言……「公正証書遺言」は、公証人が遺言の内容を聞いて、遺言者に代わって遺言書をつくります。通常、原本・正本・謄本の合計 3 通をつくり、正本と謄本は遺言者（遺言執行者を指定すればその人）に渡されますが、原本は公証役場で原則として20年（遺言者100歳まで保管の例が多い）保存され

ます。公証人に依頼する費用はかかりますが、無効になったり、紛失や偽造のリスクもなく、裁判所の検認手続も不要です。

③　秘密証書遺言……「秘密証書遺言」は、封を施された遺言書の中に、遺言書が入っていることを公正証書の手続で証明します。遺言の内容を秘密にしておけるため、偽造などのリスクはありませんが、内容については本人が作成するため、不備がある可能性もあります。公証役場には、遺言書の封紙の控えだけが保管されますので、隠匿等のリスクもあります。2人以上の証人の立会いが必要であることや、家庭裁判所の検認手続も必要となります。

　不安要素を減らすという点では、費用はかかりますが、「公正証書遺言」のほうがよいといえます。

③ 相続財産はプラスばかりでない
——放棄するときの期限は相続の開始を知ってから3カ月以内に

　相続税の申告・納付期限についても注意が必要です[28]。相続人が死亡したことを知った日の翌日から10カ月以内に行わなければなりません。たとえ、遺産分割が終わっていなくても、相続税の申告は期限までに行わなければなりません。法定相続分などの割合で各相続人が申告・納税を行い、その後、実際に行われた遺産分割の割合に応じて、修正申告、更正の請求を行うことになります。ただし、中には、負債が多いなど、諸事情からそもそも相続

28　国税庁ホームページ。

を放棄したいという方もいると思います。その場合は、自己のために相続の開始があったことを知った時から 3 カ月以内にしなければならないと定められています[29]。諸手続が必要となりますが、不安な場合は、専門家に相談をされるのがよいでしょう。例えば、弁護士に相談をしたいけれど、探し方がわからない場合、日本司法支援センターの法テラスのホームページ[30]では、相談窓口を調べることができますので、そこで調べた相談窓口を利用されるのも一案です。

---

[29] 裁判所ホームページ。
[30] https://www.houterasu.or.jp/madoguchi_info/index.html

7 今からできる女性のための終活準備

1 早目にエンディングノートを準備して 人生の棚卸をしておく

　終活とは、「人生の終わりのための活動」の略です。具体的には、人生の終わりを迎えるにあたり、財産の処分方法や葬儀、お墓等、死後に発生するための準備が行われます。今後の人生をより良く生きるためには、定年を考えるタイミングで、仕事のことだけではなく、終活のことを考えておくのもよいと考えます。

　終活準備の1つとして、自分の判断能力があるうちに、自分自身の医療や介護の在り方や葬儀、財産の処分方法などについて、エンディングノートへの記載が挙げられます〔図表2-4〕。エン

〔図表2-4〕　エンディングノート（例）

出所：大阪法務局ホームページ

ディングノート自体には、法的な効力はありませんので、もし、遺言書の作成等法的な手続が必要な場合には、弁護士をはじめとした法律の専門家に相談する必要があります。エンディングノートを記載することは、自分の思いや希望を明確にする、ということに加え、自分の人生を振り返り、気持ちの整理や今後の人生を考える上でも有効だといわれています。

　一般的にエンディングノートの記載項目には、名前、住所、保険証番号、緊急連絡先、自分の履歴、預貯金・保険・不動産等、医療情報、葬儀や遺言書に関わる情報などが挙げられます。一部の自治体のホームページでは、エンディングノートを無償でダウンロードができるようになっていますので、まずはそちらをご覧になってもよいかと思います。

　ただし、エンディングノートを準備しただけでは、死後に関わる事務手続までが行われるわけではありません。家族や親族に依頼ができない人、あるいは、家族や親族以外の人にあえて依頼をしたい人は、依頼をする相手や報酬を準備しておくことが必要で

〔図表 2 − 5〕　代表的な死後の事務手続

死亡届	死後 7 日以内に役所へ届け出る。
葬儀・埋葬	友人や知人へ訃報連絡や、葬儀・埋葬を行う。
手続類	年金・健康保険・介護保険・金融機関の口座・クレジットカード・民間の保険・ガス・水道・電気・税金等の解約や名義変更を行う。
持ち物の処分	デジタル遺品の削除、形見分けやペットの譲渡、家財の処分を行う。

出所：筆者作成

す〔図表2-5〕。後述の葬儀やお墓の準備の中でも述べています
が、民間の金融機関等では、おひとりさま向けのサービスも出て
きていますので、そのような商品も含めて検討されるとよいと考
えます。

② 高齢者向け施設の種類と費用を調べておく

　未婚や子どものいない共働き夫婦も増えている中、終の棲家を
どうするか、という問題は、今まで以上に多くの人の関心事なの
ではないでしょうか。今すぐに転居をする必要はなくても、高齢
者向けの施設を選ぶ際に、まず住まいにどのような種類があるの
かを知っておくことは、準備につながります。
　要支援や要介護の状況によって、入居できる施設が異なるほ
か、住宅型有料老人ホームやサービス付き高齢者向け住宅では、
介護サービスは別契約になっています。予算やサービス内容、医
療機関との連携状況、施設の立地などの詳細をきちんと調べた上
で、検討することが重要です〔図表2-6〕。
　一度入居したからといって、すべてのホームに、看取りのサー
ビスがついているわけではありませんので、家族に頼らずに、老
後を過ごしたいと思っている場合、いつまで入居することができ
るのか、という点についてはきちんと調べておくことが必要です
〔図表2-7〕。

〔図表2-6〕 高齢者向け住まいの大まかな種類

名称		特徴	主な対象者	注意点
介護付きホーム（介護付有料老人ホーム）		介護保険事業所として指定を受け、スタッフによる包括的な介護サービスが提供される住まい	要支援～要介護 ＊自立の方が入居できるホームがある	入居時に前払金を支払うケースもある
介護サービスは別契約	住宅型有料老人ホーム	介護は外部の介護事業者と別途契約が必要	自立～要介護	事業者によって入居基準やサービスに開きがある
	サービス付き高齢者向け住宅（サ高住）	高齢者向けのバリアフリー対応の住まい。状況把握・生活相談サービスが受けられる	自立～要介護	事業者によって入居基準やサービスに開きがある
認知症対応型グループホーム		認知症の方専用。少人数で共同生活を送りながら、介護サービスが受けられる	要支援2以上の認知症の方	医師・看護師の配置は必須となっていない
ケアハウス（軽費老人ホーム）		低廉な料金で、食事などのサービスを提供。介護サービスを受けられる住まいもある	自立～要介護	事業者によってサービスの内容が異なり、低廉なため入居待機者も多い
特別養護老人ホーム（特養）		常時介護が必要で、在宅介護が困難な高齢者に、包括的な介護サービスが提供される施設	原則要介護3以上	入居待機者が多く、地域によってはすぐの入居が難しい

出所：高齢者住まい事業者団体連合会「高齢者向け住まいの選び方ガイド」

〔図表2-7〕　高齢者施設を調べられるホームページ

〈行政が提供するホームページ例〉
・介護サービス情報公開システム（https://www.kaigokensaku.mhlw.go.jp/）
・サービス付き高齢者向け住宅情報提供システム（https://www.satsuki-jutaku.jp/）
・都道府県のホームページ（有料老人ホーム）
〈その他のホームページ例〉
・全国有料老人ホーム協会のホームページ（https://user.yurokyo.or.jp）
・各高齢者向け住まい事業者のホームページ
・高齢者向け住まいの「紹介センター」のホームページなど

出所：高齢者住まい事業者団体連合会「高齢者向け住まいの選び方ガイド」をもとに筆者作成

③ 頼れる親族がいない場合、認知症になったら誰に頼むのか

　おひとりさまを中心に、将来、認知症や体が不自由になったときに、頼れる親族がいない場合、どのように対応したらよいか不安を持っておられる女性は多いのではないでしょうか。

　認知症にはなっていないものの、体が不自由になったり、介護施設に入所したりで日常の財産管理が難しくなってしまった場合は、「財産管理等委任契約」を締結することで、委任した人に支払などの管理を任せることができます。法律の専門家や親族に限定されておらず、友人や知人なども含めて、委任したい相手と委任内容を決めることができます。

　認知症になったときへの備えとしては、「成年後見制度」が挙げられます。任意後見制度では、認知能力がある間に、自分で後

〔図表2−8〕 「万が一」に備えて活用できる制度

見守り契約	電話や面談などで月1〜2回ほど連絡。通常は財産管理や任意後見の契約と一緒に結ぶ。認知症の変化に気づくことも。
財産管理等委任契約	体が不自由になったり、介護施設に入所したりで、日常の財産管理が難しい場合に契約。預貯金、保険、定期支払など。
成年後見制度（任意後見）	認知症などになった場合に備えて契約を結ぶ。日常の財産管理や、入所・入院の契約、税務申告など。
成年後見制度（法定後見）	認知症などで判断能力が衰えた場合に家庭裁判所が後見人等を選定。財産管理、契約の手続、重要書類の保管など。
死後事務委任契約	訃報連絡、遺体の引き取り、葬儀、死亡届の提出、施設の費用や入院治療費などの支払、遺品管理、納骨など

出所：『50代から考える人生設計 定年後からのお金と暮らし 2021』（朝日新聞出版、2021年）

見人を選んで手続を行うことができます。一方、法定後見制度では認知症を発症してしまった場合に、家庭裁判所が後見人等を選定することになります。

「死後事務委任契約」は、自分が死んだ後の諸手続を任せる形となりますが、法律の専門家のほか、友人や知人に、生前に契約を行い、任せることができます。

制度を把握し、必要に応じて早いうちから準備をしておくと安心ではないでしょうか〔図表2−8〕。

4 親族がいても孤独死のリスクは免れない、死ぬ前からやっておくべき死後の準備

　孤独死する人の話を聞くこともめずらしくなくなりました。孤独死は、2012年の内閣府の調査によれば[31]、"誰にも看取られることなく亡くなったあとに発見される死"と定義されています。孤独死が発見された場合は、発見者が警察に連絡をし、警察の現場検証が行われます。現場検証で身元や連絡先がわからない場合、遺体は安置所へ搬送され、一定期間後に各自治体によって火葬や埋葬が行われます。遺族の連絡先が判明した場合は、遺骨は返還され、遺体の保管料等の費用が遺族へ請求されます。しかし、身元不明で自治体によって火葬された場合や遺族が引取りを拒否した場合、遺骨は無縁塚に埋葬されます。火葬後すぐに無縁塚に入るわけではなく、自治体が一定期間保管することになっています。無縁塚に埋葬される遺骨はまとめて埋葬（合祀）されるため、埋葬後の引取りはできません。

　今から自分の死後のことが不安な場合は、任せられる親族がいれば、エンディングノートに記載をして意思表明をしておくのがよいですが、そもそもそのような人がいない場合は、生前に死後の手続ができる民間のサービスなどを利用することが必要だといえます。最近では、金融機関やNPO法人等が提供しているおひとりさまを対象とした終活支援がありますので、そのような支援を調べ、事前に契約をしておくという方法もあります。

31　内閣府「高齢者の健康に関する意識調査」。

　死後に向けた準備としては、葬儀や埋葬方法についても決めておくことが必要です。葬儀については、通夜と告別式を行う一般葬がよいのか、家族だけの家族葬がよいのか、宗派や葬儀社、写真、亡くなった時に連絡をしてほしい人の連絡先、葬儀費用、埋葬後の法要などの希望などが挙げられます。

　埋葬方法については、先祖の墓や永代供養の墓に入る、ロッカー形式等の納骨堂に入る、樹木の根元に埋葬する樹木葬、海や山等に遺骨をまく散骨などが挙げられます。お墓の場合は、事前に購入する際には、墓石の種類などによって変わりますが、百万円単位の費用がかかり、埋葬後にも管理費がかかります。管理費の支払が滞ってしまうと、お墓が没収されてしまう可能性もあります。墓守をしてくれる人がいない場合は、永代供養の墓を選ぶのも一案です。

　子どもがいる女性でも、子どもと離れて暮らし、配偶者の死後１人で暮らしていれば、孤独死は他人事ではありません。健康寿命が延び、子どもよりも自分のほうが長生きしてしまうこともあるかもしれません。自分の最期は自分で準備をしておくという心掛けは、家族の有無を問わず、重要なことだと感じます。

第 3 章

インタビュー
──先輩女性に聞く
　6つのキャリアストーリー

日本総合研究所 理事長　翁　百合 氏

社会貢献するために選んだ金融の道

　小学校からキリスト教系の田園調布雙葉学園に通い、中高まで女子校で学生生活を過ごした翁さん。しがらみのない民間エコノミストとして、いわゆるサイレントマジョリティの意見を吸い上げながら言うべきことをしっかり言う姿勢は、シスターでもあった当時の校長先生の「社会のために自分を生かす」という言葉の影響が大きいという。

　慶應義塾大学に進学した後は、国際金融を専攻。在学中に経験した英国での短期留学では、国籍が異なる同級生たちと意見交換を行い、大いに刺激を受けた。大学生活での様々な経験を通じて、小学校の頃は授業中に手を挙げることもなかなかできず、通知表にはいつも「もっと積極的になりましょう」と書かれる位だったおとなしい性格も活発に変わり、視野が大きく広がったと振り返る。

　慶應義塾大学大学院経営管理研究科で修士課程を修了後、1984年に日本銀行に新卒として入行。男女雇用機会均等法が成立する前年で、総合職の女性はまだめずらしい時代であった。

行内結婚の方針変更を機に、転職を決意

　日本銀行での最初の配属先は金融研究所。海外論文の翻訳や計量分析のアシスタントをしながら、エコノミストに欠かせない分析力や文章力を身に付けた。続いて配属された営業局では地方銀

行を担当。最初は銀行からの電話が鳴り響く環境に戸惑ったものの、取引先との接し方や金融機関の置かれている経営環境などを学ぶ貴重な時期になったという。

行内の先輩と結婚したのは、京都支店に勤務していた27歳の時。結婚生活は当初は遠距離であった。その後、1989年に異動した東京本店の調査統計局で調査した海外の金融危機の経験からは、危機に対する備えの必要性が深く心に刻まれた。続く営業局市場課で金融調節の仕事に携わり、ダイナミックな金融市場の実情を学んだことも大きな糧となった。

このまま日本銀行でキャリアを歩み続けると思っていた翁さんだったが、結婚して 5 年が経った頃、思いもよらないことを伝えられる。行内結婚の方針変更を理由に、夫あるいは自分のどちらかがいずれ退職をすることを求められたのだ。日本銀行では女性も男性と同様に働けると思っていた翁さんには青天の霹靂。人事幹部が変わったことによる保守的な方針変更にショックを受けたが、これが大きな転機となる。これからのキャリアは、組織に依存するのではなく、自分で切り開きたいと思い、転職を決意する。

金融の専門家として新たな活躍の場にチャレンジ

1992年、日本銀行を退職して日本総合研究所へ転職。金融機関の破綻処理に関する論文を書きため、初めての著書『銀行経営と信用秩序─銀行破綻の背景と対応』（東洋経済新報社、1993年）を上梓。折しも時はバブル崩壊さなか、この頃から、翁さんは金融の専門家として、自分の名前で政策提言していくことの社会的責

任を感じ始める。

　95年には大蔵省の金融システム安定化委員会の委員に就任し、不良債権の情報開示の重要性や不良債権処理の先送りの問題点などについて発言。しかし委員会のメンバーは金融機関経営者や重鎮の学者が多数。当時まだ30代半ばだった翁さんにとって、そうした発言をすることは勇気の要ることだったという。

　経営層からは、日本総合研究所が住友銀行の関連会社であるという当時の立場を超え、社会や経済全体の視点から発言することが重要だと言ってもらえていた。今でも研究や発言に対する日本総合研究所の自由度の高さに感謝しながら、中立性や客観性に基づいて仕事をすることをとても大切にしている。

　日本総合研究所での仕事の中心はコンスタントにレポートを出すことであったが、翁さんは、特に社会の半歩先を意識して分析することを心掛けてきた。まだ30代だった頃、破綻処理や不良債権処理の議論参加への声掛けをもらったのも、半歩先の分析をしてきたことが大きかったのではないかと振り返る。

ハードな仕事をこなしつつ、
子育て、介護との両立にも苦労

　金融危機の専門家としての評価が高まってくると、さらに多くの所で発言を求められるようになるなど、仕事は一層忙しくなっていった。そんな中、1997年に、息子さんを出産。仕事と子育ての両立を図るため、当時の職場にも、そして保育園にも近いところを探して引っ越しし、出産3カ月後には短時間勤務で復職した。しかし、1997〜1998年は北海道拓殖銀行や山一證券など大手

金融機関が連鎖的に破綻した年。復職直後にもかかわらず、政府の会議で海外の公的資金投入の事例に関する発表をするなど緊張感のある日々だった。

　そうした忙しさの中で仕事と子育てを両立できたのは、職場が裁量労働制で、比較的時間の融通が利いたことが大変助かったからだという。また、重要な会議などの前には夫にも協力してもらい、子どもが熱を出したときには誰にどのように協力を頼むか、といった計画をしっかり立てるようにもしていた。

　そうした準備をするようになったのは、一度息子さんが急に高熱を出して入院し、出張を職場の先輩に代わってもらう事態に直面したからだ。息子さんが2歳のときには、お母さまがくも膜下出血で倒れ、同時にお父さまも体調を崩し、両親のケアも行う状況にもなった経験もしたそうだ。

　日本銀行の退職は、当時は思いもよらない人生の選択肢だったが、今になって思えば、日本総合研究所に転職したからこそ、働く時間を調整でき、充実した仕事と子育てや介護など家族との生活の両立もできたと感じている。子育てや介護で忙しい時期は大変ではあったけれど、仕事は細く長く続けていけばよいと思っていた。働き方改革や夫の理解と協力、保育所の充実といった子育て支援はやはり大事だと身をもって感じている。

**生活者の視点に立ち、
サイレントマジョリティの声を大切に**

　30代から現在まで、財務省や経済産業省、金融庁や内閣官房まで、政府の多様な政策会議で委員を歴任してきた翁さん。大学の

教員のほか、メーカーから物流まで複数の企業の社外取締役も務めるなど活躍の幅は広い。金融以外にも介護、医療、保育、働き方改革等に研究分野を広げているが、自分自身が保育や介護等、様々な経験の中で違和感を持ったり、周囲から助けてもらったりしたときの体験が根底にある。

　多くの委員を歴任している翁さんだが、日頃から政策提言をしていく中で、大事にされていることは、サイレントマジョリティの声をできるだけデータで示していくことだという。つまり、既得権益が多い社会の中で、周囲を説得し、提言していくために必要なのは、サイレントマジョリティの声を表に出していくということだ。自分が与えられた社会的役割を果たすために、自身の経験も踏まえながら、生活者視点に立ち、きちんとデータも示すことで、そうした声を政策に反映できるよう提言していくことを翁さんは大切にしている。

道草によってこそ「道」の味がわかる

　翁さんの好きな言葉は、「道草によってこそ「道」の味がわかる」。1999年に小渕恵三内閣のもとで発足した「21世紀日本の構想」懇談会でご一緒し、座長をされた心理学者の河合隼雄先生の著書『こころの処方箋』にある言葉だそうだ。人生には、大変な時期もあるし、挑戦したいけれど、それがなかなかできない時期があるかもしれない。だからこそ、焦せらず、細く長く、ライフロングで考えたらよい、と翁さんはいう。仕事についても、前職の行内結婚の方針変更で、転職をすることになったが、結果的にそれが転機となり、広い世界で多くの方と仕事をする機会にも恵

まれた。そうした自身の経験も踏まえ、翁さんは、勤め先、あるいは外の組織でもっと自分が力を発揮できそうな組織があれば、移ってみるのもよいのではないかという。キャリアを考える上では、柔軟性を持って視野を広げることや、長い目でみることが大切だと翁さんに教えていただいた。

〈参考資料〉
2022年4月25日付日本経済新聞夕刊
「日本総合研究所理事長 翁百合さん 声なき声を形に(1)(人間発見)」
2022年4月26日付日本経済新聞夕刊
「日本総合研究所理事長 翁百合さん 声なき声を形に(2)(人間発見)」
2022年4月27日付日本経済新聞夕刊
「日本総合研究所理事長 翁百合さん 声なき声を形に(3)(人間発見)」
2022年4月28日付日本経済新聞夕刊
「日本総合研究所理事長 翁百合さん 声なき声を形に(4)(人間発見)」
2022年5月2日付日本経済新聞夕刊
「日本総合研究所理事長 翁百合さん 声なき声を形に(5)(人間発見)」
2022年5月6日付日本経済新聞夕刊
「日本総合研究所理事長 翁百合さん 声なき声を形に(6)(人間発見)終」

近畿大学経営学部 准教授 Ph.D（経済学）　**松原　光代** 氏

優秀な先輩たちが次々に退職
——ダイバーシティに関心を持つ

　1992年、東京ガスに総合職女性の5期目として就職した松原さん。最初は人事部に配属され、その後、国際部、営業企画部を経て計8年弱勤務した。総合職第一期の女性たちが30歳頃に差し掛かったとき、その多くが結婚や出産を機に退職をする。ロールモデルとなり得るような、優秀で仕事姿勢も模範的である先輩たちが退職をしていくのは、寂しくもあり、不安を感じた。

　ある時、退職する先輩に対して理由を尋ねたところ、驚きの返事が戻ってきた。「女性が少なかったので、まずは上司に認めてもらうために、一生懸命働くことが必要だった。そこで認められてやっと居場所ができたと感じたら、異動で上司が変わり、その度に新しい上司に認めてもらうため必死に仕事をしなければならない。それを何年もやっていたら、気力と体力が限界を迎えた……」。表向きの退職の理由は出産や子育てだったが、本当の理由を聞いた時、松原さんは衝撃を受けた。非常に優秀な女性が仕事とそれ以外を両立させるために休みも取らず働いている一方、現場では、昼食やたばこを吸いに行ったら、長時間戻ってこない男性も多くみかけていたことから、松原さんの疑問はさらに深くなる。その時の疑問が、ダイバーシティ（ダイバーシティとは、英語でDiversity、日本語で多様性の意味で用いられる。人種・性別・宗教・価値観など異なる属性を持った人々が、組織や集団におい

て共存している状態のことを示している）という問題に関心を持つようになったきっかけだった。

仕事と生活の両立ができる社会を

　それ以降、自発的に仕事と生活の両立（当時は「ファミリーフレンドリー」の実現）について、社内の女性の先輩や後輩と意見交換を開始。そして、社外の勉強会に参加をした時に、大手外資系企業に勤める女性から、「私は稼いだお金は全部ベビーシッターに投じてきた。そうでないと仕事を続けられなかった」と聞き、多様な人材の能力を最大限発揮できる機会を提供するダイバーシティの問題は、東京ガスだけではなく、海外も含めた世界の問題だと感じた。

　当時、誰の言葉かは覚えていないそうだが、「先人木を植えねば後人涼しからず」という言葉を聞いたことがあった。松原さんは、それぞれ生まれてきた世代には役割があるという意味として捉えたという。松原さん自身は、出産適齢期だった時、パートナーが長い間病気を患い、治療を優先したため、子育ては経験していない。しかし、次世代のためには、仕事と生活の両立ができる社会をつくることが自分の世代の役割だと感じた。

　そして、行動力のある松原さんは、仕事と生活の両立についてより深く研究をしたいと思い、学習院大学の脇坂明教授に話を聞きに行く。これをきっかけに、脇坂教授の研究室でダイバーシティの研究を行いたいと思い、大学院進学を決意した。

アカデミックの道へ

　大学院に進学をした際には、研究者になるという覚悟はなかった松原さん。研究したことを広めていくために、コンサルティング業界への就職に興味を持っていた。大学院で研究を行っている時、脇坂教授からニッセイ基礎研究所の仕事の紹介を受け、松浦民惠氏（現在、法政大学キャリアデザイン学部キャリアデザイン学科教授）と武石惠美子氏（現在、法政大学キャリアデザイン学部キャリアデザイン学科教授）と巡り合った。松浦氏と武石氏から、調査研究について多くのことを教えてもらい、それらに関心を持ち始めた。大学院修了後の約3年間、ニッセイ基礎研究所で調査研究の仕事を手伝ううちに、博士課程に進むことを周囲から勧められ、2007年に博士課程に進学。複数の大学で、非常勤講師を務めながら研究を進め、2010年には博士号を取得。

　通常、博士号を取得した後は、地方の大学でポジションを探すケースが多い。しかし、松原さんは、夫が従来の生活を送れるようになることを優先し、東京で働ける環境を探した。就職先を探していたタイミングで、ワークライフバランスの研究を行う常任の研究員を募集していた東レ経営研究所に就職。しかし、大学での研究も続けていたため、体力的、精神的には負担の重い日々が続いた。そのような松原さんを心配した先生方が、任期付きの大学教員の仕事を紹介してくれ、2014年から2017年までは大学の教員の仕事に就く。

ここだけは誰にも負けないというものをつくる

　2016年になると、ご両親の介護問題が発生。ご兄姉には頼れない事情があったため、1 人でご両親の介護問題に対応する。ちょうどその頃、PwCコンサルティング合同会社（以下「PwC」という）で主任研究員ポストへの声がかかり、介護の事情から、当面は東京に居たかったことを理由に転職を決意。幸運なことに、PwCでは、ダイバーシティという専門分野での研究も続けることができた。

　PwCは多様な働き方を認めてくれる職場であったため、介護との両立が大変な時に、非常に有り難い職場だったと松原さんは振り返る。48歳でPwCに入社した松原さんは社内で非常にめずらしい存在だったそうだ。コンサルティング企業ということで、パートナー（コンサルティングファームにおける共同経営者）にならない限り、ある一定の年齢に達したら辞めないといけないと思っている人は多かった。そのため、30代後半の人に、どのようにその年齢で、PwCに入社をしてそのポジションを得られたのか、という質問を受けた。そのような質問を受ける度に、コンサルタントのあるべき姿はオールラウンドプレーヤーかもしれないが、専門を持って知見を深め、自分のキャリア・アンカー（キャリア・アンカーについては第 4 章127頁を参照）を持つということの強さを伝えてきたそうだ。自分はここだけは誰にも負けないというものをつくっておけば、働き方が多様化していく中でも居場所はあるということだ。

「自分の意見」を伝える大切さ

　PwC時代もいつかは研究者になりたいという思いを持っていた中、近畿大学でダイバーシティを専門とする准教授のポジションが出たことを知り、応募。2022年4月から近畿大学で働いている。

　松原さんが担当している社会学系分野では、いろいろなエビデンスを集めて、合意形成や納得の上、修正していくことが大切である。しかし、授業で教える大学生たちは1つの正解を求めてくることが多いという。答えはないから自分の意見をいうように提案しても間違っていたら嫌だといって意見をいわない。本来、大学は、自分の意見を伝えて議論をするという訓練を行うための大事な場であるため、自分が担当する授業では、できるだけそのような場を提供していきたいと感じている。

ロールモデルにはとらわれず、「パーツ」を取り入れる

　キャリアを築いてきた一女性として、また、ダイバーシティの研究者として、若い女性たちへ伝えたいメッセージは、「ロールモデルにはとらわれないでほしい」ということだ。ロールモデルといわれても、その人自身がその人の置かれた環境の中で選んだ判断の結果今があるため、その人でないと同じ状況にはならない。もし、ロールモデルをあるべき姿として追いかけたらそれはダイバーシティでなくなってしまう、と松原さんは話す。

　ロールモデルそのものを否定しているのではなく、肝は、参考になると思ったパーツを取り入れていく、ということである。良

い事例ばかりではなく、悪い事例であってもそこから学べばよい
のだ。ロールモデルがいないからどうやってキャリアを築いてい
けばよいかわからないという女性の話をよく聞くが、松原さんの
いうとおり、「パーツを取り入れる」というアドバイスはそうし
た女性たちに参考になるのではないだろうか。

座右の銘は、「丁寧に生きる」

　松原さんは、これまでを振り返り、多くの方々とのご縁で今ま
でのキャリアを築いてこられたと感じている。つらくてどうした
らよいか迷っている時には、必ず助けてくれる人たちがいた。だ
が、そういった人たちは、最初に出会った時には「この人が助け
てくれる！」とはわからないもの。だからこそ、自分も困ってい
る人がいればサポートするように努めるなど、人に対して丁寧に
接することを大切にしていると松原さんは語る。松原さんのお話
から、自分のキャリアは決して自分1人の力で切り開けるもので
はないということ、そして日頃から謙虚な気持ちを持つことの大
切さを感じた。

三井住友トラスト・ホールディングス
サステナビリティ推進部長　　**稲葉　章代** 氏

バブル女性総合職からアナリスト見習い…
そして金融危機に遭遇

　大学卒業後は、証券会社に総合職として就職をした稲葉さん。1985年に、男女雇用機会均等法が成立した後、バブル期の採用だったため、総合職500人のうち、女性は当時としては多く25人に上ったとのこと（前年に総合職として採用された女性はわずか6、7名）。入社後は企業部に配属され、未上場企業を訪問して、IPOを提案する仕事に従事。当時は、上場企業担当RM（リレーションシップ・マネージャー）が女性だと、企業側の理解が得られないと思われていた。しかし、女性総合職が担当できる仕事を増やすという会社の人事戦略により、稲葉さんは、未上場企業の担当RMになった。

　入社して3年後に思わぬ事態に遭遇。30歳までは結婚しないと決めていたのに、社内結婚をすることになってしまった。当時の時代背景もあり、会社側からどちらか1人が退職をするように宣告される……。管理職として働いていた夫が退職をするのは難しいと考え、自分が退職することを選択。勤めていた証券会社の関連会社で嘱託に近い形で雇用され、アナリストの仕事を一から始めることに。その時配属されたエレクトロニクスチームで、最初はアソシエイトという立場で大手電機メーカーを担当することになった。

　しかし、しばらく勤めていると、またもや思わぬ事態が舞い込

む。勤務していた会社が解散。証券業界の倒産や再編の動きが活発化した時代であった。そこで、当時の上司の転職先について行こうとしたところ、アシスタントでの採用という条件を提示される。採用担当者（男性）は、固定的価値観が強く、面談の場で「母親が外で働いているから学級崩壊が起こる」と、現在ではとうてい受け入れられない持論を展開。「父親が家庭を顧みず、子育てに参加しないからいけない」と反論し、言い合いになった。もちろん、その会社での就職は断念し、当時の上司とは離れ、1999年に現在の勤務先である三井住友信託銀行の資産運用部でバイサイドアナリストとして再スタートした。

原動力はいろいろなことをやってみたいという好奇心

三井住友信託銀行は、2003年に日本におけるパイオニアとして企業年金向けのSRIファンドを立ち上げたが、セクターアナリストの仕事と兼務する形でこのSRIファンドの業務に携わった。もともと、金融を通じて社会を変革すべきという強い気持ちはなかったが、子どもたちの未来も考えていくべきだし、中長期で投資先を評価するコンセプトが非常におもしろいと感じ、積極的に取り組んだ。

2007年には、新たに社内で中国SRIファンドの立上げを行うことになり、そのプロジェクトにも関わる。というのも、実は稲葉さん、大学では中国語を専攻して、ゼミでは中国における金融の仕組みを研究したこともあったという経歴をお持ちなのである。中学生の時に出会った社会科の先生の授業で中国に興味を持ち、また当時行われていた中国残留孤児の訪日調査にも関わりたいと

いう思いもあって、中学生の時に「NHKラジオ中国語会話」を聴いていたとのこと。縁はいつどこで役に立つかはわからないものであるが、大学の専攻が中国SRIファンドの立上げを引き寄せたと信じている、そうである。

2015年からは、投資家の目線を活かして企業へIR/SRアドバイスを行いたいと考え、証券代行コンサルティングの業務に携わり、2019年からはグループ全体のサステナビリティについての企画推進という仕事に携わっている。投資家、アドバイザー、企業担当者と、自ら望んだ形で立場が変わる社内転職のようなものだった。こうして三井住友信託銀行に転職してからも様々な仕事を経験してきた稲葉さん。その原動力はいろいろなことをやってみたいと思う好奇心だと語る。

ワークライフバランスという言葉に縛られない

私生活では、1995年に出産し、息子さんは今年28歳になる。実家は遠方で夫の両親は既に他界していたことから、夫婦で育児分担をしなければならなかった。ベビーシッターにも手伝ってもらいながら、朝7時半に子どもを預け、18時には迎えに行き（当時は最終の保育時間が18時だったため）、仕事の状況次第では、夫にみてもらいながら、会社に戻って深夜に仕事をすることもあった。繁忙期には、深夜2時頃帰宅、翌日の息子のご飯をつくって、少し睡眠をとり出社することもあるなど、非常に多忙な生活を送っていた。

息子さんの小学校ではPTAにも参加。副会長として活動をし、先生との会合以外の役員会は週末にすることを提案した。専業主

婦の方々との交流も非常に楽しかったという稲葉さん。PTA活動を通じて、価値観の違う人たちとの交流経験は、仕事をする上で許容性を高めることにもつながった。

　現在はボクサーとして活躍している息子さんも、不登校、ボクシングとの出会いなど、子育ても想定外の出来事の連続だった。子育てに時間がかかるときは、仕事や子育て、それぞれにすべての時間を使うことができない罪悪感があったが、終わってみれば悩む必要はなかったということを感じている。子育ては大変だけれど、やってみたら楽しい。どうにもならないことが多いので、柔軟性が高まったり、自分の見方が広がったり、あきらめがついたりと、子育てからたくさんの気付きを得たと稲葉さんはいう。

　「ワークライフバランス」という言葉は苦手……と稲葉さんは率直にバランスを取ることの難しさを語る。世間的にはワークライフバランスという言葉がよく使われるが、バランスが取りにくい時期もある。そういう言葉に縛られる必要はないという。

心を支えてくれたのは女性アナリストの会

　社外との関係も大事にしており、同業である女性アナリストや企業でIRに従事する女性との会の幹事をやってきた。1999年から休むことなく、年に2回開催してきた（新型コロナ以降は見送り、まだ再開できていない）。参加者は女性のみということもあり、おしゃれなお店を予約するのはもちろんのこと、会によっては、皆でドレスアップして集合することもある。

　リフレッシュになるだけではなく、同じような悩みをその場で共有し、吐き出すことでストレス発散につなげることができる。

「1社から1名」と同じ会社の女性が2人以上にならないように
しているのは、気兼ねなく話せるようにするための大切なルー
ル。会社の人にはいえないけれど外で話すことではっと気付くこ
ともある。それは、稲葉さんが今までの仕事をする上で心の支え
にもなってきた。

大切にしている言葉は「しなやかに生きる」

　傍からみたら、女性リーダーという言葉が合いそうだが、稲葉
さんはそういったことを意識してはこなかった。今でこそ「女性
リーダー」を会社として育てているが、専門職として入社したた
め、自身は研修などを受けたこともなかった。女性リーダーとい
う決められたタイプを目指すのではなく、自分の特徴を活かし、
社会での役割を果たすという視点が重要であると稲葉さんは語
る。今まで1つの仕事に絞ってきたわけではないので、その道の
プロというわけではないと自身を評価する。ただ、与えられた仕
事にそのつど一生懸命に取り組んだ。そして、それを過度にア
ピールしなくても、そのことを応援したり、理解してくれたりす
る人がいた。そうした人への感謝の気持ちを大切にしている。そ
んな稲葉さんが大切にしている言葉は、「しなやかに生きる」で
ある。

　稲葉さんの言葉は、我々後輩世代の肩の荷をそっと下ろしてく
れる応援メッセージのように感じる。そして、「しなやかに生き
る」ことが女性リーダーの1つの姿につながっていくのだろう。

大手企業 CFO　**A** 氏

きっかけは、映画『マルサの女』

　大学で日本文学科を専攻していたＡさん。大学2年終了時には卒業に必要な単位を取得し、大学3年から何をしようかと考えていた。そんな時、映画『マルサの女』を観たことからお金の勉強をしたいと思い、簿記学校に通うことを決意。簿記学校では、貸借対照表の左右のバランスで答えが合うという考え方などが非常におもしろいと感じ、簿記の世界にはまってしまった。

　簿記を勉強したことを機に、銀行か証券会社に就職したいと考えるようになり、就職活動をして証券会社に入社（1991年）。入社後は、新規上場する会社の審査や、上場した企業の株券や債券を発行する時の引受審査を行う部署に配属された。決算書をみて、会社の強みや弱みを整理し、この会社は成長しそうだから引き受けようと判断することが求められるという仕事。パズルと推理に近いところが非常におもしろかったという。

会社の業績悪化、少人数での仕事で実力と自信を付ける

　新卒後から順調にキャリアを歩んでいたようにみえるＡさんだが、意外にも入社後3年間は仕事内容がよくわからず、「自分は仕事ができない」と思っていた。どうやって仕事への自信をつけたのか。それは、環境の変化である。勤め先の業績が悪くなり始めた頃、本社で働いていた人たちが次々と営業店に異動となった。Ａさんのいた部署も例外ではなく、少ない人数で仕事を回さ

ざるを得なくなった。その結果、Ａさんに任される仕事も多くなり、自然と実力が付き、それが仕事への自信へとつながったと話す。

実はＡさん、会社の仕事と並行して、税理士取得のための勉強も続けていた。というのも、最初の上司が公認会計士の資格を持っていて、税理士資格取得の勉強に理解があった。しかも、会社のお金でスクールに通わせてもらえた。税理士になるには、５科目合格することが必要であるため、月曜と木曜に授業に通い、毎年１科目ずつ着実に試験に合格（税理士資格は2001年に取得）した。

働きながら勉強を継続するというのは、そんなに簡単なことではない。Ａさんは、月曜と木曜は、学校に行くため17時には退社。他の曜日はさぞかし残業続きだったのかというとそうではなく、もともと長時間労働をするタイプではなかったというＡさんは、周囲の人は遅くまで仕事をしていたが、他の曜日も早く帰っていた。Ａさんは時間の使い方がとても上手なのがうかがえる。

転職後、マネジメントの難しさに直面

1997年秋に勤め先が経営破綻。残務処理のため、転職せずにしばらくは残ろうと思っていた。ところが、勤めていた証券会社の取引先である中堅メーカーが、上場を行うための担当者を探しており、声が掛かる。結局、その会社に1998年３月に転職。上場に関わる仕事を終えた後は、IRの仕事を担当。証券会社では、企業の強みと弱みを分析する側だった。一方、IRでは企業側になって、会社の分析をして強みを伝えるという仕事である。立場が逆になったIRの仕事では、最初の会社で得たスキルが十分に活かせ

た。IRの仕事も非常におもしろくて、仕事内容は好きだったと語るＡさん。好きな理由として、1つ目は、トップと近いところで仕事をし、会社の経営の話ができること。経営トップと同行することも多く、経営者を間近に感じられた。2つ目は、投資家側もハーバードビジネススクール出身者など、経営を専門的に勉強している人が多く、そこで関わる人たちとの交流も刺激になったことである。

　ここでも順風満帆にみえるが、部下のマネジメントでは非常に苦労をした。一度部下に任せても、結局自分で直してしまったりすることが多々あった。自分の得意な仕事は人に任せたくないという気持ちもある上、任せることや育成することも得意ではなかった。毎年、異動希望を出す人など、定着する部下は少なく、部下との人間関係は良好とはいえなかったという。

マネジメントは「スキル」として獲得できることを知る

　2009年には、ヘッドハンティングで、現在の勤め先の財務部門に転職。日本人であれば誰でも知っている親しみのある会社だったので、転職することを決める。全く新しい環境になるということから、心機一転することを決意。部下への要求レベルを含めて仕事の取組姿勢そのものについて、完璧を求めず、約7割程度にして働こうと自分の中でルールを設定する。転職後は、求めたことを部下が100％できなくても、できるだけ気にしないようにした。

　転職後も依然として部下のマネジメントが苦手だったＡさんだが、2015年ぐらいから、早稲田のビジネススクールの講座で部下

のマネジメントを学ぶ機会を得る。その１つがコーチングの講座である。その講座の一部を紹介してくれた。

　まず、学校の中を２人１組で歩かされて、後ろの人は目をつぶり、途中交代して同じことを繰り返すということを行う。その動作が終わった後、先生から、後ろにいた時に真っすぐに自分が歩けたか、次に何が待っているのがわかったか、など感じたことを聞かれる。その時の気持ちを答えたときに、それが仕事の上で、次に待ち受けているものが何かわからないあなたの部下の気持ちだといわれた。これが、Ａさんには大きな気付きとなり、自分の部下の気持ちを初めて感じることができた。また、コーチングの講座の中では、どんなに仕事ができないと周囲から思われている人でも、会社の役に立ちたいと思って入ってきているので、何か注意するときには、２回先にほめて３回目に注意して最後にほめて終わるとよいというアドバイスをもらった。

　学んだことを職場で実践してみたところ、部下の仕事の仕方が改善して驚いたそうだ。この経験を通じて、Ａさんは、マネジメントはスキルとして獲得するものだということを学んだ。なぜなら、マネジメントのスキルをもともと持っている人は少ないからだ。スキルとして学べば、マネジメントの仕方もスキルアップできるのである。

　2016年からは約３年間、営業現場を経験。東日本エリアの統括として配属された。約200の得意先に営業をしなければならない仕事であるため、１人では回れないし、自分が往訪したからといって、簡単に受注することはできない。そこでの経験も部下たちに任せるという訓練につながった。

肩書ではなく、自分の時給を上げることを重視

　2022年 4 月からCFOに昇進。今思えば、 2 回目の転職時に、仕事に対する取組姿勢を約 7 割にして働こうと思って以降、収入やポジションも上がっていった。

　Ａさんは出世・昇進を目指してきたかにみえるが、その姿は全く違う。例えば、男性は年収1500万円のままで変わらなくても、常務や専務になったらうれしいと感じるのかもしれない。しかし、Ａさんは役職を上げることは、あくまでも自分の給与を上げることの方法の 1 つと考えていたと話す。肩書にこだわらず、時給をいかに上げるかということを大事にしてきた。

　加えて、指示されることが嫌いなので自分の仕事のやり方は自分で決められることにこだわりを持ち続けたという。現在のポジションになったことで、財務や経理、IRは自分の裁量の範囲でできるようになったのがよかったと感じている。

好きな言葉は、「カニは甲羅に似せて穴を掘る」
──自分らしく生きていくことを大切に

　好きな言葉は、「カニは甲羅に似せて穴を掘る」。自分は他の誰かになれないし、自分らしく生きていくことが大切、という意味である。Ａさんのお母さまは、結婚して子どもを持つことが幸せだという考えを持ち、Ａさん自身の考え方とは違うと伝えても、理解はしてもらえなかった。しかし、幸せの形は人それぞれである。誰かに押し付けられる幸せでなく、自分の幸せを見付けて納得いく人生を送ってほしいとＡさんは話す。周囲の人たちの言葉

に惑わされずに、自分らしい人生とは何かを改めて問い直す機会
を与えてもらった。

地方銀行　**B** 氏

地元の地銀で就職、女性初の融資トレーニーに

　東京の大学を卒業後、そのまま東京の大手企業で総合職の仕事に就こうと思っていたBさん。ところがバブル崩壊後のあおりを受け、有名大学を出ていたものの、就職戦線で苦戦。結局地元の地方銀行に総合職として1994年に入社。

　最初は、自宅から通える支店に配属された。当時は、女性の仕事内容は限定的で、異動をしたとしても近隣地区の支店の範囲内というのがお決まりのコースだった。そのため、入社5年目頃、仕事に対する将来性を感じられず、辞めたいという気持ちが出てきたが、その頃、女性で初めて融資トレーニー制度の対象に選ばれる。トレーニー制度は、半年間、本社で座学を含む融資について集中して勉強ができる制度。Bさんが選ばれた理由は、女性で法人融資ができそうな人ということだった。融資トレーニーに選ばれた後、当時の上司からは、「大卒の女性が融資トレーニーになることに否定的な男性はいるから、傷つくことがあったら言って」といわれた。しかし、研修期間中はものめずらしさもあってか周囲の人たちは非常に親切で、女性ということでつらい目に遭うことはなかった。

電話を取ると「男に代わってくれ」、
社内での評価も上がらない

　融資トレーニー制度を終えて、審査部門に異動。この時、Bさ

んは29歳。社内で女性活躍ブームが出てきたこともあり、男性が多かった部署に女性が配置され始めていた。そして、審査部門も例外ではなかった。華やかに登用されたイメージのあるBさんだが、つらい経験もあった。

例えば、案件は全店から上がってくるのだが、電話を取ると「男に代わってくれ」とよくいわれた。そこで抗っても仕方がないと思い、そういう時は男性の同僚や上司に電話を代わってもらった。「Bさんがいったことと同じ意見だが、何か文句あるか」といって応援してくれる上司もいたが、同じ部内でも、ベテラン男性からは仕事を回してもらえなかったこともあり、当時は、女性だからなのか能力がないからなのか、Bさんにはわからなかった。

審査部門には6年在籍し経験を積んだが、人事評価は厳しいものだった。一度、他の部門の女性と人事評価について情報交換した時「女性よりも男性の評価を上にしている。独身の女性より子どものいる男性が優先だろう」といわれた話を聞いた。今でこそ問題になる発言ではあるが、ほかの会社での勤務経験がないBさんは、当時、評価とはそんなものなのだと思ってあきらめていた。

法人営業部門への異動が大きな転機に

そんな中、Bさんに転機が訪れる。それは、法人営業部門（投資銀行業務）への異動だ。働き方改革という言葉とは無縁な時代、男性ばかりの部署で、23時過ぎまで働くこともめずらしくなかった。ちょうど35歳ぐらいの時で、結婚に対してはあきらめの

気持ちを持つようになった。しかし、その迷いを感じることもないぐらい仕事のおもしろさにはまってしまった。

　上司にも恵まれた。真摯に仕事に向き合い、成果を出していたところ、上司から「なぜあなたはこんなに評価が低いのか」といわれる。その上司の応援もあってか納得感のある評価をもらえるようになった。ただ、仕事には非常に厳しい上司だった。土日も働き、Bさんの体重は中学生時代の体重にまで激減。しかし、仕事内容がおもしろく、評価もされたので、仕事に没頭した。案件が仕上がるおもしろさや、お客さまの人生に影響を与えるというプレッシャーまでも楽しめるようになっていた。

　第1号案件を担当した時のことをBさんは今も鮮明に覚えている。すべてが初めての経験で、どのように仕事を進めればよいか悩んでいたところ、自分よりも忙しい男性の同僚や先輩たちが、お互い土日出勤する中、丁寧に仕事を一から教えてくれた。先輩たちからは、「仕事は1人でやるものではない、チームでやるものだ」と諭された。思い出しても涙が出る、とその時の記憶を語るBさん。法人営業部門には約9年半所属し、そこで管理職となった。女性管理職が増えた今でも、金融機関で多いのは個人部門である。法人部門における女性管理職というのは異例であった。

管理職となって変わった2つのこと

　社内で初めて女性として管理職へ登用された時、Bさんは42歳。管理職になること自体にためらいはなかったというが、管理職になって変わったことが2つあるそうだ。1つ目は、管理職になると、多くの情報が得られることである。そのことから、管理

職と非管理職の権限の違いを肌で感じたそうだ。2つ目は、働き方が調整できることである。仕事を依頼する側になったため、最後は自分で責任を取ればよいと思えるようになったことで、夜中まで仕事をすることはせずに、早く帰るようになった。

46歳から社会人大学院に

Bさんは46歳にして大学院生となった。というのも、県内の大学のMBA講座に会社から女性を1人通わせるという話が出て、声を掛けられたからである。大学院では、年齢や職業も多様な人たちが集まり、意識が高く、常に自分を高めてくれるものを探している人たちばかりであった。転職を一度もしたことがないという人もほとんどいなかった。多様な同級生から刺激を受け、非常に新鮮さを感じたという。仕事で忙しい中、平日夕方と土曜日に通い、レポートと試験をこなし、経営学修士を無事取得。通っている間は、同級生からの銀行に対する厳しい批判や意見を聞くことができ、それも勉強になった。それ以降、会社からは毎年1人若い女性が通っている。先輩として、大変だけれど行ったほうがよいと後輩たちには伝えている。

問題は自分で解決するのではなく、
解決できる人を見付ける

Bさんは「解決できない問題はない」と思うようにしているそうだ。解決する秘訣は、自分が解決することはあきらめ、解決できる人を見付け、連れてくること。そのように思うようになったのには2つの経験があった。1つ目は、過去の上司に、「仕事は

チームでやるもの。1 人ではできない」といわれたことである。ただし、いつも人を頼るのではなく、頼ったときにやってもらえるように、日頃から頼まれたときは力になることが大切だという。2 つ目は、管理職になった時に、3 人の男性部下が自分より優秀で、アイデアを出したり解決したりする能力について、かなわないと思った経験である。自分からは何のアイデアも出てこず、組織に貢献していないのではないかというつらさがあった。自分ができることに限界を感じたことが同時に、できる人に任せるという気付きにつながった。

「目の前の仕事をやる」という姿勢が大切

　Bさんに、我々後輩へのメッセージについて尋ねてみたところ、意外にもその言葉はシンプルであった。目的やビジョンをきっちり説明できる仕事ばかりでないので、堅苦しく考えずに目の前のことをやり、幅広く経験することが大切だという。今では、自分のキャリアを考える上で、どこに向かうかをきちんと決めることが大切だといわれている。目の前の仕事を愚直にこなしてきたBさんは、若手の時代に、「あなたのためにいっている、というのがわかるのは15年後だ」と上司にいわれた。今になって、その言葉が身に染みている。今、明確な目標やビジョンがないからといって、それは決して間違っているわけではない。目の前の仕事に真摯に携わることの大切さを改めて感じた。

みらいワークス 広報 **石井 まゆみ** 氏

新卒で入社した会社が経営破綻

　2004年に新卒でJALナビアに入社し、電話の予約センターで勤務。JALナビアでは、毎日約80人もの接客対応をしていた。いろいろなことを経験したいという理由から異動を希望し、2009年にJALスカイに出向。そこでは、対面接客の経験もした。

　2010年にJALの経営破綻という出来事に直面。大企業でも経営破綻をする時代であり、とにかく実力を付けることの必要性を強く感じる。出向先JALスカイからJALナビアに戻った後は、新人教育を担当。ただ、以前から希望していた海外線の窓口対応の部署への異動は、その間はかなわなかった。従来からキャリア志向が強く、新しいスキルを身に付けたいという気持ちが人より強かった石井さん。そんな彼女のスキルを軸とした第2のキャリア人生が幕を開ける。

　2012年に、Ten Lifestyleという外資系企業から、ダイナースのブラックカードのコンシェルジュサービスの仕事をやらないかという誘いを受ける。聞けば、その企業は富裕層向けのコンシェルジュサービスをアウトソーシングで請け負う仕事をしており、日本法人を新たに立ち上げるというところであった。日本法人の立上げを行うというめずらしい経験が積めること、英語が使えること、今まで身に付けた電話のスキルも活かせるということで転職を決意。石井さんにとって、新卒後9年目での初めての転職であった。

苦労をバネにして身に付けた苦情対応能力を武器に、
転職先で成果を上げる

　年功序列のJALナビアであれば、マネジャー登用に必要な期間
は最低 5 年。しかし、Ten Lifestyleでは、ヘッドハンティング
だったこともありマネジャーのポジションとして採用。マネジメ
ント経験を積める機会を得た。当時、石井さんは日本法人立上げ
後の 3 人目の正社員であったため、人の採用を含めて様々な仕事
を担当。社内では、お客さまからの苦情が頻発していたという問
題に対応するため、お客さまサービス室が立ち上がっていた。苦
情対応マネジャーのポジションが空いた時には、自分から希望し
て異動。 1 年間、従業員に対して苦情対応のトレーニングをして
いくうちに、何と苦情は10％からわずか 1 ％にまで削減された。

　苦情対応というのは、誰がやっても大変な仕事である。そのよ
うな仕事でかつ成果にまでつなげた理由を石井さんに尋ねたとこ
ろ、JALグループで叩き込まれたお客さまサービスへの考え方や
スキルが大いに役立ったという。JALグループの研修では、お客
さまの声を聞かないと良いサービスがつくれないという考え方を
何度も叩き込まれた。本当に嫌なお客さまは苦情をいわず去って
いく。苦情をいうのは、期待をしているからこそだ、と。苦情を
いっていたお客さまが、対応していくうちに落ち着き、中には
JALのファンになってくれる──そんな経験を繰り返すうちに自
分の自信になっていったと石井さんは語る。

　苦情対応の仕事は、精神的にも想像以上に大変な仕事のはずで
ある。実際、石井さんもTen Lifestyleで働いていた時、ストレ

スから咳喘息になったこともあったという。きっと、精神的には負担が重かったと、その時のことを振り返る。では、なぜそのような状況を克服できたのか。それは、同じようなサービスを提供している方から話を聞いてみたり、知識を学んだことが役に立ったからだそうだ。知識や情報を得ることの大切さを感じたという。

**新たなスキルや経験の獲得に向けて、
さらに外資系企業に2回転職**

　勤めていた外資系企業で大きな成果を上げた石井さん。そこでは新たなポジションがなく成長機会が得られそうになかったことを理由に転職活動を開始。人材紹介会社からアクセンチュアを紹介される。当初、自分のキャリアがコンサル業界に合うとは思っていなかった。転職先として紹介をされたアクセンチュアの部署は、アウトソーシングの部署であり、顧客は外資系企業であった。石井さんは、2社目に勤めたTen Lifestyleがアウトソーシング系の企業であったことや、顧客も外資系であったという共通点を感じ、アクセンチュアへの転職を決意。今までの経験を活かしつつ、パワーポイントやエクセルを使う仕事をするのが新しい経験となった。コンサル業界特有の論理的思考を身に付ける経験にもつながった。

　しかし、アクセンチュアで仕事をしている中で、もう少し自分は多くの人と直接関わる仕事をしたいと感じるようになっていた時、KPMGの人事部への転職を知り合いから紹介される。アクセンチュアは、ハードワークで、金曜日でも朝3時に帰るのが当

たり前の職場。人事部の仕事であれば、人と関わることが中心の仕事になることや、ミドルオフィスで時間の融通がきくと思って転職を決意。アクセンチュア時代は働きすぎていたと感じていた石井さん。しかし、いざ転職をすると、給料は変わらなかったものの、定時に帰れるKPMGの仕事に物足りなさを感じるようになってしまった。

みらいワークスに入社し、
本業以外にも複数の副業にチャレンジ

「やっぱり、もっといろいろなことにチャレンジしたい」。そんな気持ちを持っていた時に、アクセンチュアのゴルフ部のOB会で顔見知りとなったみらいワークスの岡本社長から、みらいワークスの仕事の誘いを受ける。KPMGは半年で退職し、2016年10月に現在の勤務先であるみらいワークスへの転職を決意。石井さんにとっては5社目となる。

みらいワークスの仕事に関心を持ったのは、人が好きだということ、そして新しい働き方を通じて、世の中を変えていく可能性を感じたことだ。みらいワークスでは、当初、登録者向けのイベントを企画していたが、上場のために広報担当となる。初めて経験する広報。そもそも、そのやり方が良いのかどうか当初はわからなかった。しかし、ここは外部人材の活用を推進するみらいワークス。フリーランスの広報プロ人材の方に一から広報業務を教えてもらい、社内広報部門の立上げを経験できた。

そんな時、SkyDriveから広報の仕事を副業で手伝ってほしいという依頼を受ける。そこでは、他の業界での経験を持つ方々か

ら、広報に関するスキルや経験を得られ、みらいワークスに活か
せるのではないかと思い、副業を決意。副業といっても、真剣に
携わるとその苦労は並大抵ではない。副業のために朝4時には起
床して仕事を開始。2つの仕事を掛持ちするのは楽ではなく、
「具体的な何かを学びたい」という覚悟が必要であると、石井さ
んはいう。

SkyDriveには空飛ぶクルマを開発し、それを世界に広げてい
くという夢がある。ゆえに、パッションを持っている人が多い。
人が好きな石井さんにとっては、早起きの苦労も吹き飛んでしま
うほど、広報の仕事を通じてSkyDriveの夢をサポートしたいと
いう思いのほうが強い。

1つの副業も忙しいのに、さらに2つの会社のアドバイザーの
仕事に副業として従事。大変そうだが、むしろ、仕事で嫌なこと
があっても、いろいろな会社の仕事をすることで、気持ちの切替
えが早くなるそうだ。本業にとってもメリットがあり、副業をや
ればやるほど、本業であるみらいワークスの良さもわかるとい
う。

誰にでも経験やスキルはあるのでそれを活かすことが大切

正社員として計4回の転職を経験してきた石井さんは、今まで
の経験を活かして仕事をすることの重要性を話す。というのも、
キャリアは自分の思うとおりにはならないからである。

石井さんがいろいろな人と話してみえてくることは、せっかく
スキルを持っているのに「私なんてあまり役に立たない」と思っ
ている人が多いことである。しかし、実際、多くの人が副業を通

じて自身のスキルを地方で活かしていることを肌で感じている。地方は都市部の人のノウハウを活かせる機会が多いのである。今やっていることはむだにはならないし、自分には絶対に何かあるというポジティブな思考が大切であると、石井さんはいう。

　石井さんは、「前職で得たスキルを活用」し、それに加えて「新しいスキルを得られる」ことにこだわって転職を繰り返してきた。今後も新しいスキルを1つずつ増やしていくつもりだ。一度にたくさんのことを身に付けるのは誰だって難しい。しかし、着実に1つずつ新しいことを身に付ける——。そんなことを意識して仕事をすることの大切さを感じる。

好きな言葉は、
「美しい唇であるためには美しい言葉を使いなさい」

　「美しい唇であるためには美しい言葉を使いなさい」（For beautiful lips, speak only words of kindness.）という言葉は、石井さんが敬愛するオードリー・ヘップバーンの言葉だ。オードリー・ヘップバーンの言葉の美しさや、生涯社会貢献活動に力を入れた心の美しさに憧れている。昔は、ユニセフで働くことにも憧れていたので、いつかは、貧しい子どもたちの支援など、ボランティア活動をしたいという夢も持つ。

　仕事でも具体的にどのような仕事をしたいとかではなく、ビジョンがあるだけでも違うと語る。ビジョンがあることで、紆余曲折があったとしても、そこが支えになるのである。自分はこうなりたいというビジョンを描くことの大切さを感じた。

第 4 章

7つのメッセージ
──年齢を問わず
自分らしく
生きていくために

７つのメッセージ

　本書はこれで最終章になります。これから定年を迎える予定の女性は、就職当初から定年まで勤めようと思っていたというよりは、気が付いたら定年が自分事になってしまったという方が多いと想像します。定年を迎えた女性たちのロールモデルが少ないと、周囲で１人でも定年前にキャリアシフトをしている女性がいるだけで、定年前に次の道を無理やりにでも見付けなければいけないと焦ってしまう方もいるかもしれません。しかし、今まで生きてきた道も人それぞれ異なりますし、これから生きる道もそれは同様です。政府が大々的に女性活躍を掲げるようになってからは、女性活躍という言葉が定着しています。しかし、現在も、そしてこれからも、活躍という言葉に振り回されず、自然体で生きていくことが大切なのだと感じます。本章ではその締めくくりとして、７つのメッセージを送ります。

1 いくつになってもキャリアマネジメントを大切に[1]

a 「キャリア」は仕事だけではない

　定年前後になると、まさに「キャリア」という言葉が何度も頭の中を駆けめぐるかもしれません。しかし、その「キャリア」という言葉、皆さんはどのような意味で使っていますか。

　木村周・下村英雄の両氏は、著書[2]の中でドナルド・E・スー

1　❶は小島明子＝橋爪麻紀子＝黒田一賢『「わたし」のための金融リテラシー』（金融財政事情研究会、2020年）を一部引用・再編集して掲載。

パーの定義を踏まえ、キャリアについて「①人生を構成する一連の出来事、②自己発達の全体の中で、労働への個人の関与として表現される職業と、人生の他の役割の連鎖、③青年期から引退期にいたる報酬、無報酬の一連の地位、④それには学生、雇用者、年金生活者などの役割や、副業、家族、市民の役割も含まれる」と説明しています。キャリアを考えることは、仕事だけではなく、まさに人生について考えることです。特に変化の激しい現代社会においては、長期的視野に基づき人生を考えることが求められているといえます。

　しかし、キャリアを考えなければいけないと頭ではわかっていても、日常生活に追われていると、いつの間にか時間が過ぎてしまい、ある時、自分の人生はこれで本当に良かったのか、自分のキャリアはこのままで良いのか、と迷うことは、誰にでもあるのではないでしょうか。特に、年齢を経て、今の勤め先で自分の将来のキャリアパスが何となくみえてきたタイミングで、考えることを放棄してしまったり、冷静さを欠いて突然転職をしてしまう、という方もいるかもしれません。それはそれで一つの人生ですが後で振り返ってみた時に、誰しも、後悔がない人生だったと思いたいのではないでしょうか。

b　自分の「キャリア・アンカー」を知る

　産業組織心理学を専門とするシャイン博士（Edger H. Schein）は、個人がキャリアを選択しなければならないときに、

2　木村周＝下村英雄『キャリアコンサルティング理論と実際　６訂版』（雇用問題研究会、2022年）。

絶対に譲ることができない核があるとして、それを「キャリア・アンカー」と名付けています。第3章の松原さんのインタビューの中でも、「キャリア・アンカー」の大切さが語られていましたが、まさに自分のキャリアの軸となるものです。

シャイン博士[3]によれば、「キャリア・アンカー」は3つの成分で構成されるといいます。

(1) 自覚された才能と能力（さまざまな仕事環境での実際の成功に基づく）

(2) 自覚された動機と欲求（現実の場面での自己テストと自己診断の諸機会、および他者からのフィードバックに基づく）

(3) 自覚された態度と価値（自己と、雇用組織および仕事環境の規範および価値との、実際の衝突に基づく）

もともとアンカーとは、船を停泊させるときに必要な錨のことです。つまり、人がキャリアを歩む上で、譲れない能力や欲求、価値観などによって構成された「キャリア・アンカー」が誰にでもあるということなのです。自分の「キャリア・アンカー」は、様々な生活や仕事の経験などを経て発見することができるもので、かつ、今後の人生経験によっては、アンカー自体が変化することも起こります。

では、「キャリア・アンカー」には、どのような種類があるのでしょうか。シャイン博士[4]は、「キャリア・アンカー」には、8つの種類があると指摘しています〔図表4－1〕。

---

3 エドガー H. シャイン著、二村敏子・三善勝代訳『キャリア・ダイナミクス』（白桃書房、1991年）。

4 エドガー H. シャイン著、金井壽宏訳『キャリア・アンカー　自分のほんとうの価値を発見しよう』（白桃書房、2003年）。

〔図表4－1〕 「キャリア・アンカー」の8つの種類

①専門・職能別コンピタンス	特定の領域で自分の技能を活用し、自分の技能に磨きをかける仕事によって、自分らしさが生まれ、そのような専門領域で挑戦課題を課されたときに幸せを感じる。
②全般管理コンピタンス	異なる能力を持つ人たちを集め、特定の組織単位が生み出す成果に責任を持つ仕事を通じて、期待どおりの成果が出たときや自分らしい仕事ができたときに幸せを感じる。
③自律・独立	組織に縛られずに、自分の裁量で、仕事の枠組みややり方を柔軟に決められるような仕事をしたいと感じる。
④保障・安定	雇用保障、年金、退職手当等、経済的安定に対する関心が強く、終身雇用の保障が得られる限り、組織側の要望は何でもやるという忠誠心を持つこともある。
⑤起業家的創造性	危険を負い、障害を乗り越える能力と意欲を持ち、自分自身の会社や事業を起こすなど、社会に対して、頑張れば結果として事業を創造できることを証明したいと感じる。
⑥奉仕・社会貢献	住みやすい社会の実現、環境問題の解決や他者への援助など、価値のあることを成し遂げる仕事をしたいと感じる。
⑦純粋な挑戦	解決困難に思えるような問題の解決に取り組んだり、難しい障害を乗り越えるなど、不可能に打ち勝つ経験を求める。目新しさや変化、難しさ自体を目標にしたいと感じる。
⑧生活様式	個人的な欲求、家族の要望、自分のキャリアを含め、総合的にバランスを図ることを重視する。単なるキャリア上の成功より、もっと広い意味での成功を求めている。

出所：エドガー H. シャイン、金井壽宏訳『キャリア・アンカー　自分のほんとうの価値を発見しよう』（白桃書房、2003年）より筆者作成

c 自分のキャリアマネジメントをしっかりと行う

　職業経験を積み重ねている方は、引用文献等で取り上げている関連書籍やインターネット等で自分の「キャリア・アンカー」を調べることができます。自分の「キャリア・アンカー」を知っておくことは、自分のキャリアを振り返るときに役立ちます。自己理解を深めたいと考えたいときには、公的機関や会社の人事制度等で活用ができる、専門家（例：キャリアコンサルタント）の助言を受けるのも一案です。

　専門家の助言を受けることにためらいがある場合は、自分が挑戦したいことなどを紙に書いておいて、毎年同じ時期に達成できたこと、できなかったことの確認に加えて、過去１年間を振り返って、うれしかったこと、人から喜ばれたことなどを確認してみるのも振り返るための方法です。１年後にみてみると、案外達成したことの多さや、今まで気付かなかった自分の良さや強みに気が付くのではないでしょうか。

　大切なことは、キャリアを歩んでいく間は、定期的に自己を振り返る機会を持ち、自己理解を深めるとともに、主体的にキャリアをマネジメントする姿勢を持つことです。定年前になってから、やりたいこともなくて、心にぽっかり穴が空いてしまうという話は、昔からよく聞く話ですが、定期的な振り返りをし、そのたびにキャリアを軌道修正しておけば、より自分らしい人生を歩むことにつながるのではないでしょうか。

2 健康への意識を高めて、行動につなげる

a 女性は寿命が長いが運動や睡眠不足の傾向に

より良い生活を送るために、何よりも大切なのが健康の維持・向上です。そのためには、平均寿命と健康寿命の差を縮めるための活動を、若いうちから行うことが必要です。健康的な生活として、運動、食事、睡眠に気をつけ、病気になってしまっても、健診を通じて早期発見できるようにしておくことが必要です。厚生労働省[5]によると、健康寿命と平均寿命の差は（2016年時点において）、女性は12.35年、男性は8.84年です。女性は、寿命が長い分、健康寿命も延ばして、この約12年という差を縮めなければ、歳をとったときに快適な生活を送れないのです。

しかし、女性は運動不足であることが明らかになっています。第 1 章でも、定年女性に着目して運動不足である現状をデータに基づき述べました。国内の女性全体でみても運動不足であるという状況は変わりません。厚生労働省[6]によると、運動習慣のある人の割合は、20歳以上全体では女性で25.1％（前年比0.4％ポイント減）、男性で33.4％（同1.6％ポイント増）であり、この10年間でみると、男性はそれほど増減していないものの，女性では減少していることが指摘されています。年代別にみても、女性の20代は12.9％、30代は9.4％、40代は12.9％と、働き盛りの年代で約 1 割程度と低いことが特徴的です。

---

5 厚生労働省「健康寿命の令和元年値について」（令和 3 年12月20日）。
6 厚生労働省「令和元年国民健康・栄養調査報告」（令和 2 年12月）。

運動を行うことは、メンタルヘルスを維持する上でも有効だといわれています。女性は男性に比べて、女性ホルモンの影響や、ライフイベント（結婚、妊娠・出産、育児、介護など）の変化などから、うつになる人が多いというデータ[7]もありますので、うつ病を予防する上でも、運動をしておくことは大切です。また、最近ではテレワークが増えたことで、座る時間が長くなっている女性もいます。日本人は、諸外国の中でも座る時間が長い国といわれていますが、座る時間が長いと寿命が短くなるというリスクも指摘されています[8]。厚生労働省[9]では、１日約8300歩を目標に

〔図表４−２〕　年収ごとの歩数と早歩き率

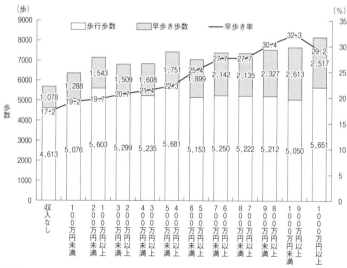

出所：ドコモ・ヘルスケア（2016年11月）（https://prtimes.jp/main/html/rd/p/ 000000022.000016519.html）。

7　働く女性の健康応援サイト。
8　厚生労働省リーフレット「座位行動」。

掲げています。定期的な運動とともに、歩数計で管理しながら、日頃から歩いたり、階段を上る癖などを付けることが大切です。因果関係は明確に指摘されているわけではありませんが、年収が高い人ほど、よく歩き、早歩きであるというデータもあります〔図表4-2〕。健康であれば、仕事のパフォーマンスも上がり、質の高い仕事や勉強ができますので、運動が難しければ、まず、早歩きと、歩数を増やすということから始めてもよいのではないでしょうか。

b　休暇の取得の仕方次第で自己肯定感の向上に

OECD[10]によれば、日本は諸外国と比べて男女ともに最も睡眠時間が短いことが明らかになっています。諸外国の睡眠時間の平均が男性8.42時間、女性8.50時間であるのに比べて、日本人の男性は7.47時間、女性は7.25時間です。諸外国では、男性が女性に比べて睡眠時間の平均が少ないものの、日本においてはその逆で女性のほうが男性よりも少ないのです。正規雇用、非正規雇用を問わず、女性の家事負担が重いことなどが理由として考えられます。第1章では、女性の夫源病や卒婚の話をしましたが、長年、日常生活において女性は多くの負担を担い、疲労を抱えているのではないかと感じます。

　そのため、休暇をきちんと取得して、心身ともに疲労を回復することが大切です。働き方改革関連法等の影響もあり、有給休暇の取得実績づくりのために、職場から強く取得奨励されるケース

9　厚生労働省ホームページ「身体活動・運動」。
10　OECD 'Gender data portal2021'

も増えてきている印象を受けています。しかし、どれだけその休暇は、自分の意思で取得をしたものでしょうか。西多昌規氏[11]は、海外の研究結果等を踏まえて「「休む」ことにもオーナーシップを持つ」ことの大切さを述べています。単に休暇を取得すればよいということではありません。自己効力感を高めるためには、国や会社が決めるのではなく、自分で決めて休みを取ることが重要だということなのです。

定年後に仕事をしなければ、毎日、主体的に自分でやることを決めなければなりません。ゴールデンウイークや土日、年末年始だけではなく、日頃から自分が目的意識を持って、主体的に休みを取る習慣を付けることは、新たな経験の蓄積だけではなく、定年後の過ごし方の準備にもつながるのではないでしょうか。

c　女性特有の疾患にかかる人は増えている

女性は年齢ごとに様々な病気にかかるリスクがあります。日本人の女性のうち、2人に1人が一生でがんにかかり、6人に1人ががんで死亡するといわれています[12]。中でも、近年では、乳がんにかかる女性が増えており、女性特有の疾患を早期に発見するための健診は、女性にとって他人事ではありません〔図表4－3〕。

厚生労働省の調査[13]によれば、子宮がんにかかる人は5.8万人、乳がんにかかる人は22.9万人であり、2014年と比べて子宮がんは0.3万人減少していますが、実は乳がんについては、2.3万人増加

---

11 西多昌規『リモート疲れとストレスを癒す「休む技術」』（大和書房、2021年）。
12 女性のための健康ラボMint＋ホームページ。
13 厚生労働省「患者調査」（2017年）。

[図表4−3] 女性の年齢ごとに関連する疾患

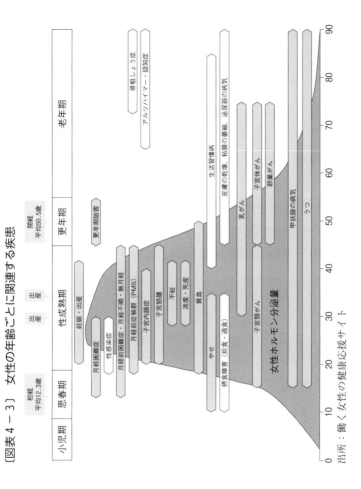

出所：働く女性の健康応援サイト

135

しているのです。乳がんと子宮がんは、20代後半から罹患率が上昇しており、若い頃からかかるリスクもあるのです。

　一方、女性のがん検診の受診率[14]をみてみると、徐々に上昇しているものの、2019年には、子宮がん（子宮頸がん）検診（20〜69歳）は過去 2 年間が43.7％、乳がん検診（40〜69歳）は過去 2 年間が47.4％にとどまっています。いずれも約 2 人に 1 人しか受診をしていないのです。勤め先によっては、健康診断の中で、婦人科系の健診の項目が追加できるなど、検診を積極的に推進しているケースもあります。がんは、検診で早期に発見し治療を開始することで治る可能性も高くなるといわれています。再発・転移、死亡の割合も低下させることができますので、日頃から健康診断の項目に入れておくことが必要だといえます。

> **コラム**

ネガティブ・ケイパビリティ

　2017年、精神科医の帚木蓬生氏が、著書[15]を通じて「ネガティブ・ケイパビリティ」を紹介し、日本でも「ネガティブ・ケイパビリティ」という概念が知られるようになりました。「ネガティブ・ケイパビリティ」とは、「どうにも答えの出ない、どうにも対処しようのない事態に耐える能力、性急に証明や理由を求めずに、不確実さや不思議さ、懐疑の中にいることができる能力」とされています。受験勉強などに慣れていると、私たちはすぐに正解を出したいという気持ちになります。

14　内閣府「男女共同参画白書　令和 3 年版」。
15　帚木蓬生『ネガティブ・ケイパビリティ　答えの出ない事態に耐える力』（朝日選書、2017年）。

答えの出ない状態に耐えられないと、他人を攻撃するなど不寛容になってしまいます。しかし、「ネガティブ・ケイパビリティ」があると、答えの出ない自分を許して耐え、他者に対して、寛容でいられるというのです。

変化の激しい社会に生きていると、答えが見付からずストレスが増え、精神的にもつらい思いをすることは多いと感じます。この「ネガティブ・ケイパビリティ」という概念を知り、あえて答えのない中に身を置くことに慣れるということが、実は自分の気持ちを救うきっかけになるのではないでしょうか。

③ 社会人からの学び直しを実践する

a　日本社会では女性に対する人的投資が少ない

皆さんは、社会人になってから学び直し（以下「リカレント教育」という）をされたことはありますか。会社が提供してくれた講座にチャレンジをした方や、自分で探して社外の講座に参加した方、あるいは、チャレンジしようと思っているまま考えているうちに時間が経ってしまった方など様々かもしれません。中には、会社の仕事でも、上司や先輩から十分指導をしてもらっているし、会社の経験だけでも、十分にキャリアを築いていける、と思っている方もいるかもしれません。

実は、諸外国および男女別のデータを踏まえると、日本の女性は男性に比べてリカレント教育に対する意識を高める必要性があることが指摘できます。OECD[16]の調査によれば、諸外国のOJT（On the Job Training）の実施率は、男性では、フィンランド、

スウェーデン、ニュージーランド、デンマーク、オランダ、チェコが高く、65％を超える水準となっています。女性については、フィンランド、スウェーデン、ニュージーランド、米国、デンマーク、オランダ、オーストラリア、ノルウェーが高く、特にフィンランドとスウェーデン、ニュージーランドは70％台となっています。これらの国々では、男性のOJTの実施率よりも、女性のOJT実施率のほうが高水準となっている特徴があります。

　一方で、日本の状況をみてみると、諸外国と比較し、男女ともにOJTの実施率が低いことが明らかになっています。日本のOJTの実施率は、男性が50.7％、女性が45.5％となっており、いずれも50％前後の数値となっています。加えて、前述した国々と異なり、日本では、女性のOJTの実施率よりも、男性のOJTの実施率のほうが高水準となっていることから、女性の教育支援がやや手薄なのです。

　厚生労働省の調査[17]によれば、GDPに占める企業の能力開発費（OFF-JTが推計されたものであり、OJTを含まない）の割合は、2010〜2014年の当該割合の水準について比較すると、米国が2.08％、フランスが1.78％、ドイツが1.20％、イタリアが1.09％、英国が1.06％、日本が0.10％となっており、日本が突出して低い水準にあることも明らかになっています。GDPに占める企業の能力開発費の割合が、諸外国と比べて、実は非常に低く、経年でみても低下傾向であることがわかっています。

---

16 OECD Science, Technology and Industry Scoreboard 2017
17 厚生労働省「平成30年度版　労働経済の分析―働き方の多様化に応じた人材育成の在り方について―」。

　このことから、日本では、勤め先による従業員への投資（OFF-JT、OJTともに）が諸外国に比べて十分に行われているとはいえず、特に女性については、自発的に行動しなければ、学びの機会が得づらいのです。

b　年収が高い人ほどリカレント教育に熱心

　第３章のインタビューにご協力いただいたＡさんやＢさんは、資格取得やMBAの講座などにも通い、それを新たな気付きや、キャリアアップ、業務を行う上でのスキルアップにつなげていました。リカレント教育を行うことは、キャリアアップ、あるいは年収のアップにもつながる可能性があるのです。実際、エン・ジャパンが35歳以上に対して行った「リカレント教育（学び直し）」実態調査[18]によれば、「これまでリカレント教育（学び直し）を行ったことはありますか？」という質問に対して、47％があると回答し、年収1000万円以上（56％）のほうが1000万未満（45％）よりも、リカレント教育に取り組むことが多いことがわかっています。同調査によれば、リカレント教育を行った人のうち、「在籍企業での業務の質を高めることに役立った」人は54％、年収1000万円以上（65％）では、年収1000万円未満（51％）よりも役立っている人が多くなっています。年収が高い人は、リカレント教育にも熱心であるということがわかります。

　しかし、「これまでリカレント教育（学び直し）を行ったことのない人」の理由としては、「学費や受講料の負担が大きい」が

---

[18] エン・ジャパン「ミドルに聞く「リカレント教育（学び直し）」実態調査―『ミドルの転職』ユーザーアンケート―」。

最も多く挙げられ、年収1000万円以上（49%）に比べて、年収1000万円未満（60%）の人が費用面でリカレント教育が受けられないことが明らかになっています。

　鶏が先か、卵が先かといった議論に似ていますが、経済的に余裕があれば教育を受けて、そこで学んだスキルを加えて、より年収の高い仕事に就けるなど、キャリアアップできるといった好循環が生まれると考えます。教育費用が捻出できず、そのような好循環をつくり出すことは難しいという方もいるかと思いますが、まずは、国の制度を使うという選択肢を考えてみてはどうでしょうか。

c　国の制度の活用等を通じてリカレント教育へ挑戦しよう

　皆さんが支払っている雇用保険は、労働者が失業して収入がなくなってしまった場合だけではなく、労働者が職業に関する教育訓練を受けた場合に、生活および雇用の安定と就職の促進のためにも失業等給付を支給するための制度です。雇用保険制度の中には、雇用の安定と再就職の促進を図ることを目的とする雇用保険の給付制度として、教育訓練給付金が設けられています。たとえ勤め先の研修制度が手厚くなくても、雇用保険制度を活用して、教育を受けることが可能なのです（以下、コラム「教育訓練給付金の種類」を参照）。加えて、経済産業省では、2018年よりAI・IoT・ビッグデータなどの高度なIT・デジタルスキルを身に付けた人材を育成する政策として、「第四次産業革命スキル習得講座」の認定をしていますが、そのような国の制度をうまく活用していくのも一案です。

　人生100年時代といわれていますが、健康寿命が延びるほど、1つの会社、1つの仕事に一生携わるという女性は少なくなると思います。学びは自分の将来への投資です。日頃から何かを学ぶ習慣を付けておくことは、長い目でみれば、膨大な知恵や知識の蓄積になります。働いている人は、現在携わっている仕事内容とは直接つながらなくても、自分が興味を持てることを学ぶことは、どこかのタイミングで人生を変えるきっかけにつながるかもしれません。あるいは、スキルを新たに獲得し、以前からのスキルと掛け合わせていくことで、希少な人材になれる可能性もあるのではないでしょうか。

コラム

教育訓練給付金の種類

　教育訓練給付金には、一般教育訓練給付金と専門実践教育訓練給付金、特定一般教育訓練給付金があり、一定の条件を満たせば活用することができます[19]。

●一般教育訓練給付金

　一般教育訓練給付金では、教育訓練施設に支払った教育訓練経費の20％に相当する額が支給されます（ただし、その額が10万円を超える場合は10万円とし、4000円を超えない場合は支給されません）。

●専門実践教育訓練給付金

　専門実践教育訓練給付金では、専門実践教育訓練の受講や教育訓練施設に支払った教育訓練経費の50％に相当する額が支給され

---

[19] 厚生労働省　教育訓練給付制度（https://www.mhlw.go.jp/stf/seisakunitsuite/bunya/koyou_roudou/jinzaikaihatsu/kyouiku.html）。

ます（ただし、その額が１年間で40万円を超える場合の支給額は40万円（訓練期間は最大で３年間となるため、最大で120万円が上限）とし、4000円を超えない場合は支給されません）。

●特定一般教育訓練給付金

2019年10月１日に新設された特定一般教育訓練給付金では、教育訓練施設に支払った教育訓練経費の40％に相当する額となります（ただし、その額が20万円を超える場合は20万円とし、4000円を超えない場合は支給されません）。

厚生労働大臣指定教育訓練講座検索システム[20]で、対象となる講座を調べることができます。一般教育訓練給付金には、簿記検定や英会話等、専門実践教育訓練給付金には、専門職大学院等、特定一般教育訓練給付金には、税理士等の資格取得を目的とした約150講座が対象となっています。

支給要件や支給期間、必要な申請手続内容の詳細は、ハローワークインターネットサービス[21]で調べることができます。実際、手続を行う際には、受講開始前の手続が必要とされていますので、給付金を活用して講座の受講を検討されている方は、あらかじめスケジュールに余裕を持つことを心掛けて下さい。

4 副業・兼業の機会をつくる

a 副業・兼業で新たな自分を発見する

定年後の再就職、あるいは定年前からの転職を考えたときに、ヘッドハンティングで転々としてきた女性でない限り、多くの人

---

[20] 厚生労働大臣指定教育訓練講座検索システム（https://www.kyufu.mhlw.go.jp/kensaku/SCM/SCM101Scr02X/SCM101Scr02XInit.form）。

[21] ハローワークインターネットサービス　教育訓練給付制度（https://www.hellowork.mhlw.go.jp/insurance/insurance_education.html）。

にとってはそのような活動はハードルが高いのではないでしょうか。しかし、副業・兼業であれば、勤め先を退職するわけではありませんので、経済的なリスクは低いといえます。新たな刺激を得て自己成長につなげることや、自分の強みや弱みを知るためにも、今いる組織以外で働く場を得ることは、非常に重要です。職場で副業・兼業が解禁されているのであれば、是非、早いうちからチャレンジしてみてはいかがでしょうか。

　副業・兼業の在り方も変化しています。宅配のような隙間時間に体力を使って稼ぐ仕事だけではなく、テレワーク等を通じて、自分の経験や知識を提供して、対価をいただく仕事も増えてきています。第3章のインタビューでご協力いただいた石井さんが所属しているみらいワークス（東京都港区）では、副業・兼業の受入れを行う（契約形態は業務委託契約）、地方の中小企業や自治体と都市部の人材をマッチングするサービス「Skill Shift」を提供しています。同社では、サービスページ上（https://www.skill-shift.com/）で、副業・兼業の募集を出しており、その中には仕事内容や報酬（月額謝礼）などが記載されています。希望する人が登録をすれば、直接応募ができるようになっており、報酬や出身地などで仕事を検索することもできます。

　中小企業が募集している副業・兼業の仕事は、「人事・組織開発」「経理・財務」「情報システム」といった管理部門の仕事も含めて「企画系」の職種が幅広くなっています。特に、「経営計画」「新規事業企画」「商品開発」「マーケティング」「広報」といった専門性のある人材を募集する企業は相対的に多くなっています。副業・兼業の人材に求めるスキルとしては、定型化されたこ

とを行う労働力というよりは、むしろ、既存の従業員では思い付かないようなアイデアの創出など、新たな価値を提供してくれる人材へのニーズが高いといえます。ただし、副業・兼業に申し込む理由は、自分のスキルや経験を単に試したい、ということだけではなく、その地域への個人的な思いなど様々です[22]。副業・兼業の効果というと、一般的には本業への相乗効果や意欲の向上などが挙げられますが、自分にとっての仕事の意味や人生における仕事の位置付けを考えることができれば、とても意義があるのではないでしょうか。

b 副業・兼業を機にプロジェクト単位で働く経験を得る

日本社会においても、将来、プロジェクト単位で働く、という新たな働き方が増えてくるといわれています。定年を迎えた後も、できるだけ長く働き続けたい、と思っているならば、プロジェクト単位でも活躍ができるように、副業・兼業を機に、自分の価値の提供の仕方に慣れておくことにはとても意義があるといえます。

厚生労働省の有識者懇談会が2016年に発表した報告書[23]によれば、正規雇用、非正規雇用の区分なく、ミッションや目的が明確なプロジェクトに参画をし、その終了とともに解散をするといった働き方などが増えていることが指摘されています。最近では、正規雇用で働いてきた従業員を対象に、従来の業務を業務委託に切り替える形で、フリーランスへの転換を可能とする制度を整備

22　小島明子『中高年男性の働き方の未来』（金融財政事情研究会、2022年）。
23　厚生労働省「働き方の未来2035〜1人ひとりが輝くために〜」。

〔図表4-4〕 副業斡旋会社の一覧

サービス名	サービス内容（抜粋）
Skill Shift （株式会社みらいワークス）	副業人材と地域での中小企業等の仕事をマッチングするサービスを提供。
ビザスク （株式会社ビザスク）	副業人材と1時間からスポットでコンサルティングを希望する企業等とのマッチングするサービスを提供。
lotsful （パーソルイノベーション株式会社）	副業人材とベンチャー／スタートアップのマッチングサービスを提供。
BizGROWTH （株式会社リクルート）	副業人材と企業をマッチングするサービスを提供。

出所：各社[24]のホームページより筆者作成

している企業も出てきました。さらに、ジョブ型雇用が増えることによって、社内外のプロジェクトに参画をし、自身のキャリアを積み上げていくという働き方は増えると考えられます。

　既に、海外ではこのプロジェクト単位での働き方が増えています。2018年に海外で発表された論文[25]によれば、プロジェクトに費やされた労働時間の割合がドイツでは34.7%、ノルウェーでは32.6%、アイスランドでは27.7%と推計されています。また、その比率はいずれの国でも上昇傾向がみられ、プロジェクト活動が様々な業界に広がってきていることも指摘されています。

日本では、プロジェクト単位での働き方は、コンサルティング企業などを除けば、まだ多くの企業でなじみがないものかもしれません。だからこそ、副業・兼業を活用することは、そのような働き方が主流になるときのための準備につながります。副業・兼業を行う上では、有償で働く以上、自分がどのような価値を提供できるのか、言語化して伝えることが求められます。副業・兼業であっても、人気がある求人先では、その職を得るための倍率も高く、自分のアピールポイントを伝える重要性は高くなるのです。副業・兼業への挑戦を通じて、自分が提供できる価値を伝えて仕事を獲得し、様々なプロジェクトの中で自分の価値を提供しながら働く、という働き方に早いうちから慣れておくことは、多様な働き方が広がる日本社会を生き抜く1つの策になるのではないでしょうか〔図表4-4〕。

コラム

ポータブルスキル

　「ポータブルスキル」とは、職種の専門性以外に、業界や職種が変わっても持運びができる職務遂行上のスキルのことです。ポータブルスキルの要素は「仕事のし方（対課題）」と「人との関わり方（対人）」において、9要素あり、【仕事のし方】は仕事における前工程から後工程のどこが得意かをみており、【人との関わり方】はマネジメントだけでなく、経営層や、上司、お客さまなど全方向の対人スキルをみています〔図表4-5〕。

　副業・兼業等社外で活動することに関心が高くても、高いスキルや専門性がないことを理由に躊躇される方もおられるかと思います。しかし、誰しも長く働いていれば、他の業界や職種等でも

〔図表4－5〕　ポータブルスキルの要素

仕事のし方	現状の把握	取り組むべき課題やテーマを設定するために行う情報収集やその分析のし方
	課題の設定	事業、商品、組織、仕事の進め方などの取り組むべき課題の設定のし方
	計画の立案	担当業務や課題を遂行するための具体的な計画の立て方
	課題の遂行	スケジュール管理や各種調整、業務を進めるうえでの障害の排除や高いプレッシャーの乗り越え方
	状況への対応	予期せぬ状況への対応や責任の取り方
人との関わり方	社内対応	経営層・上司・関係部署に対する納得感の高いコミュニケーションや支持の獲得のし方
	社外対応	顧客・社外パートナー等に対する納得感の高いコミュニケーションや利害調整・合意形成のし方
	上司対応	上司への報告や課題に対する改善に関する意見の述べ方
	部下マネジメント	メンバーの動機付けや育成、持ち味を活かした業務の割り当てのし方

出所：厚生労働省
※以下のポータブルスキル見える化ツールで、ご自身のポータブルスキルを診断できます（https://shigoto.mhlw.go.jp/User/VocationalAbilityDiagnosticTool/Step1）。

役立てるポータブルスキルを持っています。一度、ご自身のポータブルスキルを診断し、新たな自分のスキルを発見してみてはいかがでしょうか。

⑤ 地域活動に参加をする

a 社会貢献活動の中で今までの経験やスキルを活かす

　副業・兼業が勤め先で禁止をされていたり、副業・兼業にチャレンジをする自信がない方にお勧めなのが、地域活動への参加です。職場によっては、従業員のプロボノ（職業上の知識やスキルを活かして取り組むボランティア活動のこと）を支援しているところもありますのでそのような活動に参加するのも一案です。職場の人とは関わらないところで活動をしたい、ということであれば、マンションの理事会の参加に手を挙げるところから始めてみてもよいのではないでしょうか。自分に合った地域活動を見付けるためには、日頃から、環境問題や社会問題などに興味を持ち、自分が関心のある問題を見付けて調べておくと、インスピレーションも働きやすくなります。

　日本NPOセンター[26]によれば、社会貢献活動を行うNPOの現場は、慢性的な人手不足、NPOの運営に貢献できるスキルを持った人材の不足が課題となっています。NPOの運営のために新たな人材に求める役割としては、「各種事業の企画・開発」「各種プロジェクトのマネジメント」「地域課題解決のためのプロデュース」「会計・経理」「ボランティア・コーディネート」が挙げられています。人手が不足しているところを手伝う、ということも十分貢献になりますが、それ以上に、今まで勤めてきた企業の

---

[26] 日本NPOセンター「2018年度NPO支援センター実態調査報告書」（2019年3月）。

中で、持っているスキルや経験を活かすことができれば、社会貢献活動をより効率的、効果的に行っていくための手助けにもなるのではないでしょうか。

　プロボノを行うことは、自分の知識やスキルを活かして社会に役立てることができるということに加えて、新たな人材の交流やスキルの獲得、視野を広げることにもつながるといえます。自分にとっても、そのような地域の活動に参加をすることは、定年前の居場所づくりにとどまらず、地域の課題への関心を高め、本業を通じた商品やサービスの開発を考えるきっかけになるかもしれません。

b　労働者協同組合で働くという新たな選択肢

　2022年10月には、労働者協同組合法が施行されました。労働者協同組合法の施行によって、「協同労働」の理念を持つ団体のうち、同法の要件を満たす団体は、労働者協同組合として、法人格を得ることができるようになります。「協同労働」とは、働く人が自ら出資をし、事業の運営に関わりつつ事業に従事するという働き方であり、協同労働に関わる人たち（組合員）は、組合を組織し、組合の「出資」「経営」「労働」のすべてを担うことになります。

　1998年には、特定非営利活動促進法が衆議院にて可決・成立し、特定非営利活動法人（NPO法人）は法人格を取得することができるようになりました。しかし、NPO法人の場合は、出資ができず、地域からは必要とされていることをやっているものの、事業性が低いと非常に低い報酬で働いている団体も少なくありま

〔図表4-6〕 労働者協同組合と特定非営利活動法人の違い

	労働者協同組合	特定非営利活動法人
事　業	労働者派遣事業を除く事業	20分野の特定非営利活動その他の事業
活　動	非営利	非営利
設　立	準則主義	認証主義
発起人数	3人以上	1人以上
設立時の組合員（社員）数	3人以上	10人以上
組合員（社員）資格	個人	個人・法人
出　資	○	×
根拠法	労働者協同組合法	特定非営利活動促進法

出所：福田隆行＝小島明子「人事担当者が知っておきたい労働者協同組合法」労務事情2021.10.15号、No.1435、30頁より抜粋

　せん。NPO法人に比べて、労働者協同組合の場合は、組合員が自ら出資することができ、組合員に対して、最低賃金以上の報酬を支払わなくてはなりません〔図表4-6〕。

　海外では、スペインのバスク州に本拠地を置くモンドラゴン協同組合[27]の歴史が長く、世界各国で企業や工場を展開しています。そのビジネス規模は、バスク州では1位、スペイン全体では10位で、事業高は約1兆4900億円（2020年）に上ります。労働者協同組合法の施行によって、「協同労働」という働き方の広がりとともに、国内においても様々な事業を行う労働者協同組合が出てくることが、期待されているのです。

---

[27] https://www.mondragon-corporation.com/en/

c 「協同労働」という働き方にチャレンジする

本節では、もう少し「協同労働」という働き方についてお話しします。労働者協同組合法の目的（1条）を踏まえると、3つの特徴があるといえます。

1つ目は、地域課題の解決です。「協同労働」は、地域社会で必要とされる仕事を担い、地域課題を解決することを主たる目的としているため、「協同労働」が広がることで、地域課題の解決や、地域の活性化につながることが期待されています。既に、介護や高齢者福祉センターの運営、保育園、児童館の運営、若者、障がい者、生活困窮者の自立就労支援、居場所づくりに関する事業などを「協同労働」の理念を持って行っている団体が存在しています。

2つ目は、多様な人材の活躍が挙げられます。子育てや介護等の事情や、障がいや病気を持っていることを理由に、活躍の場が十分に得られない方もいます。「協同労働」では、働き方や担当する仕事内容を、組合員同士が話し合って決めます。加えて、組合員同士の協力関係が重視されているため、多様な働き方がしやすくなるといえます。もし、勤め先で副業・兼業が解禁されている場合は、副業・兼業という形で、労働者協同組合に短時間で働くという働き方も出てくると考えます。

3つ目は、主体的な働き方を実現できることが挙げられます。「協同労働」では、組合の経営方針や運営の仕方などを、組合員が話し合って決めていくことになります。勤め先では、経営者や上司等からの指示に従って仕事をすることが多くても、労働者協同組合であれば、単に雇われるだけではなく、主体者として組合

に関わることができます。より主体的に経営にも参加をしながら働けるほうが、受動的に働くことに比べて、やりがいを持って仕事をすることができるのではないでしょうか。

　労働者協同組合法の施行をきっかけに、同じ目的を持つ友人たちなどと労働者協同組合を設立してみたり、既に設立されている労働者協同組合へ参加をしてみるというのも、新たな社会貢献活動の在り方だといえます。労働者協同組合であれば、皆で働いて獲得した事業収入は、組合員が受け取ることができます。例えば、地域で新たな仕事を起こした結果、事業収入が多い労働者協同組合というのが出てくる可能性もあるのです。

　たとえ、現時点ではそのような活動に参加する時間を確保する余裕がなくても、「協同労働」という働き方の概念を知り、職場でも、多くの人と協力をしながら、皆で意思決定をして働く、というスタイルを意識してみるだけでも、自身の働き方というのは大きく変わるのではないでしょうか。

⑥　意思決定をする上では直感力も大切にする

a　やりたいことがわからないときの心の整理

　❶〜❺までのメッセージを読まれた方の中には、いっていることはわかるし、選択肢があるのもわかるけれど、自分は何がやりたいのかわからない……という方もいるかもしれません。定年を迎えるまで働いてきた女性の中には、長時間労働に耐え、ライフよりもワークを優先し、いつの間にか自分の気持ちを押し殺すことに慣れてしまい、そのことにすら気付けない状態になってしま

っている方もいるのではないでしょうか。そのような方にとっては、定年後のキャリアに関する情報を詰め込んでいく前に、やりたいことを考えられる状態までの心のリハビリも必要なのではないかと感じます。

キャリアコンサルタントの森ゆき氏[28]は、やりたいことが見付からないときにすべきこととして、「やりたくないことをやめることから始める」ことを提案しています。やりたいことをやるのは誰にとってもハードルが高いですし、やりたいことがわからない人もいます。しかし、やりたくないことが思い付かない人はいないと思いますし、やりたくないことをやめることのハードルは低いと感じます。やりたくないことをそぎ落とし、少しでもやりたいと思ったことに挑戦していくと、本当にやりたいことが見付かるのではないでしょうか。

b　時には右脳を使った意思決定も重要

第3章のインタビューの中では、ビジョンや専門性を重視してキャリアを築いてきた方もいれば、偶然与えられた目の前の仕事を一生懸命こなすことでキャリアを築いてきた方もいます。一見、論理的にキャリアを築いてこられたようにもみえますが、実は、共通しているのは、変化へ対応する柔軟性や、個々人の好奇心であると感じます。本章の❶では、キャリアマネジメントの重要性について述べましたが、自分の軸は持ちつつも、変化の多い現代社会において、まさに変化を受け入れる柔軟性や、自分の直

28　森ゆき『女性50代からのキャリアデザイン』（セルバ出版、2020年）。

感力を大切にしていくことが、より良いキャリアを築くためには必要だといえるのではないでしょうか。

　キャリア論の研究者であるジェラット氏（Harry B. Gelatt）は、変化の激しい労働市場を背景に、「個人の客観性と出来事の予測性についてのいくつかの仮定が、より幅広く、より不確実な見解に置き換えられるべきである」と述べ、「積極的不確実性（positive uncertainty）」という概念を提唱しています[29]。世の中の不確かさを積極的に受け入れて意思決定をしていくためには、合理的な選択ではなく（左脳型）、主観的で直感的な選択（右脳型）も必要であるということを示しているのです。そのためには、想像力や直感力、柔軟性が必要だとされています。例えば、今後のキャリアに関する情報をきちんと収集するだけではなく、その情報をどう意味付けするのか、というのは人それぞれですので、個人の直感に頼る部分が大きいといえます。ジェラット氏が2001年に行った日本の講演では、「「左脳ばかりを使うのではなく、右脳も使う意思決定」「夢見ることを大切にする意思決定」」[30]が紹介されたそうです。

　最近では、アート思考やデザイン思考のプログラムが出てきていますが、右脳も使う意思決定は、キャリアの選択だけではなく、仕事の中でも必要とされる時代がきたと感じます。佐宗邦威氏は、「本当に価値のあるものは「絵空事」からしか生まれない」[31]とし、妄想から価値を生むことの大切さを述べています。

---

29 渡辺三枝子編著『新版　キャリアの心理学　第2版』（ナカニシヤ出版、2018年）。
30 渡辺編著・前掲注29。
31 佐宗邦威『直感と論理をつなぐ思考法』（ダイヤモンド社、2019年）。

定年を考えるようになったタイミングで、みえない何かに縛られて生きてきたことに気付くのであれば、自分の感性や、直感、妄想といった不確実なものに、もう一度目を向けることで、新たにみえてくるものもあるのではないでしょうか。

コラム

自分の感性の磨き方

　最近では、ジョブ型人事制度やテレワークの導入等を通じて、時間の面では働きやすい企業が増えてきたのではないでしょうか。働きやすい環境が提供されることは、仕事と生活の両立が実現しやすいというメリットはありますが、今後、アイデアの創出等付加価値の高い仕事がますます求められ、時間をかけても成果

〔図表4-7〕　日本総合研究所が行っている人材育成プログラム
　　　　　　　（一例）

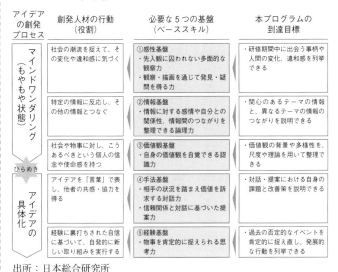

アイデアの創発プロセス	創発人材の行動（役割）	必要な5つの基盤（ベーススキル）	本プログラムの到達目標
マインドワンダリング（もやもや状態）	社会の潮流を捉えて、その変化や違和感に気づく	①感性基盤 ・先入観に囚われない多面的な観察力 ・観察・描画を通じて発見・疑問を得る力	・研修期間中に出会う事柄や人間の変化、違和感を列挙できる
	特定の情報に反応し、その他の情報とつなぐ	②情報基盤 ・情報に対する感情や自分との関係性、情報間のつながりを整理できる論理力	・関心のあるテーマの情報と、異なるテーマの情報のつながりを説明できる
	社会や物事に対し、こうあるべきという個人の信念や使命感を持つ	③価値観基盤 ・自身の価値観を自覚できる認識力	・価値観の背景や多様性を、尺度や理論を用いて整理できる
ひらめき	アイデアを「言葉」で表し、他者の共感・協力を得る	④手法基盤 ・相手の状況を踏まえ価値を訴求する対話力 ・信頼関係と対話に基づいた提案力	・対話・提案における自身の課題と改善策を説明できる
アイデアの具体化	経験に裏打ちされた自信に基づいて、自発的に新しい取り組みを実行する	⑤経験基盤 ・物事を肯定的に捉えられる思考力	・過去の否定的なイベントを肯定的に捉え直し、発展的な行動を列挙できる

出所：日本総合研究所

が出なければ評価はされにくくなるのではないでしょうか。

　日本総合研究所では、新しいアイデアを創出するためには5つの基盤（ベーススキル）が必要だという仮説のもとに、人材育成プログラムを提供しています〔図表4－7〕。その中の1つとして、感性を養うためのプログラム（感性基盤プログラム）を提供しています〔図表4－8〕。感性基盤プログラムでは、多面的な観察力を養うために、自分で違和感や疑問を感じたものをスマートフォンで撮影して習慣化することを推奨しています。まずは、

〔図表4－8〕　日本総合研究所が行っている感性基盤プログラム

（上図：個人ワークの内容、下図：ペアワークの進め方）

●日常の中であなたが"違和感"や"疑問"を感じた場面を、スマートフォンなどで写真撮影して観察力を鍛えましょう
●下記のテンプレートを活用し、観察結果を記録してみましょう
　➢撮影した写真
　➢撮影した場面を示すタイトル　　　　　　　　　〈テンプレート〉
　➢撮影した場面で感じた気づきのメモ　　　　　　　**タイトル**
　　（約20～140文字）

0	自己紹介	・簡単な自己紹介 ・"話し役"と"聞き役"の設定	1分
1	気づきを共有	・"話し役"が"聞き役"に気づきを説明します	6分
2	意見交換・質問	・"聞き役"は説明された気づきに対して質問したり意見を言ってあげたりしてください。	3分
3	仮説構築・議論	・"話し役"は気づきを1つ選んだ上で、上記"聞き役"からの質問などを基に、仮説を構築します。	5分

計15分

話し役・聞き役の交換

出所：日本総合研究所

日常生活の気付きを得るために、気になる風景を写真に撮る習慣を付けてみる、ということでもよいかと思います。

　加えて、意識的にアートに触れる時間をつくることや、アートに携わる方の書籍や講演を聞くというのもよいかもしれません。働く時間の自由度を活かしながら付加価値の高い仕事ができるよう、日常生活の中で、自分の感性を養う工夫を取り入れてみてはいかがでしょうか。

⑦　自分起点の人生を生きる

　第3章で、インタビューにご協力いただいた女性の方々からは、勤め先の倒産や、社内結婚を理由とした退職勧奨、ご家族の介護等、様々な問題に直面しながらも働き続け、当時の社会的背景から、女性ならではの苦労もあったことがうかがえます。男女雇用機会均等法前後に就職をした50代の女性たちの職場環境は、長時間労働が前提となっており、仕事と子育ての両立を行う上では、体力的、精神的にもタフさが求められてきました。40代の女性たちはというと、就職氷河期を経験し、正規雇用の求人が少なく、チャンスそのものが少なかった時代を過ごしてきました。苦労して獲得した正規雇用の就職先は、入社してくる新人も少なく、限られた人数で仕事を回すことが求められ、仕事と生活の両立がしやすい職場は少なかったと感じます。

　2012年頃、当時の安倍政権が「女性の活躍推進」を掲げ、その後、女性活躍推進法（女性の職業生活における活躍の推進に関する法律）や働き方改革関連法（働き方改革を推進するための関係法律

の整備に関する法律）の成立・施行等を背景に、多くの企業が仕事と子育ての両立支援制度や、女性の管理職登用への意識を高めてきました。いまだに女性の管理職は多いとはいえませんが、20代、30代の女性たちにとって、結婚や出産後も仕事を続けることは、以前に比べるとハードルは下がっています。結婚や出産をするのが女性の幸せだと固定的価値観を声高に押し付ける人も減ってきていると感じます。

　加えて、新型コロナの広がりを機に、テレワークも進み、働く人への配慮から企業が行ってきた転勤制度の在り方も見直されるなど、働き方は大きく変化しつつあります。育児や介護等の事由がなくても、働く場所や時間の調整も、以前に比べると、柔軟に選択ができるようになっているのではないでしょうか。しかし、働く環境の自由度が増すほど、働く側は、職場環境を言い訳にすることはできなくなります。人生100年といわれ、前半戦を頑張ってきた方ほど、後半戦をのんびりと生きたいと感じているかもしれませんが、これからは、個人として出せる成果や価値がより厳しく求められる時代がやってくることが予想されます。そのような時代であるからこそ、キャリアを会社任せにするのではなく、今まで以上に、主体的かつ自律的に歩むことが求められていると考えます。

　第1章では、中高年の結婚やパートナーとの過ごし方についても述べました。結婚をするか、しないか、ということもそうですが、結婚後の形、配偶者やパートナーとの生活の在り方も、多様化してきています。今後も、女性の社会進出に伴い、経済力を持つ女性はますます増え、配偶者やパートナーに経済的に依存する

必要のない女性はさらに増えることが想像されます。そのこと
は、結果として、配偶者やパートナーとの人生後半の過ごし方に
おいても、今までとらわれていた固定的価値観から解き放たれ、
女性自身が望みさえすれば、自分の心の赴くままに選択できると
いうことなのです。

　生涯、未婚で107歳までおひとりさまを貫き、仕事をし続けた
画家の篠田桃紅氏は、「自由はあなたが責任を持って、あなたを
生かすこと。人に頼って生きていくことではない。あなたの主人
はあなた自身。あなたの生き方はあなたにしか通用しない」[32]と
「自由」の重要性を述べています。今までの人生を振り返って、
周囲の誰か、あるいは、何かに気を使い、合わせながら生きてし
まったという後悔が少しでもあるならば、仕事や生活すべてにお
いて、自分が本当に望んでいることを起点に人生を歩むことを、
自分に対して許可してもよいのではないでしょうか。定年を視野
に入れた頃、あるいは、人生をもっと長く捉え直したタイミング
で、自分らしい人生を考え直すきっかけに本書をお役立ていただ
けると幸いです。

---

[32]　篠田桃紅『これでおしまい』(講談社、2021年)。

■ 著者略歴 ■

小島 明子（こじま あきこ）

株式会社日本総合研究所創発戦略センタースペシャリスト
日本女子大学文学部卒、早稲田大学大学院商学研究科修了（経営管理
修士）。働き方に関する調査研究や商品開発等に従事。経済社会シス
テム総合研究所客員主任研究員。著書に『中高年男性の働き方の未
来』（金融財政事情研究会、2022年）、『「わたし」のための金融リテラ
シー』（共著）（金融財政事情研究会、2020年）、『女性発の働き方改革
で男性も変わる、企業も変わる』（経営書院、2018年）、『協同労働入
門』（共著）（経営書院、2022年）。CFP認定者、ファイナンシャル・
プランニング技能士1級、国家資格キャリアコンサルタント保有。

KINZAIバリュー叢書L

女性と定年

2023年3月31日　第1刷発行

著　者　小　島　明　子
発行者　加　藤　一　浩

〒160-8520　東京都新宿区南元町19
発　行　所　一般社団法人 金融財政事情研究会
企画・制作・販売　株式会社きんざい
編集室　TEL 03(3355)1721　FAX 03(3355)3763
販売受付　TEL 03(3358)2891　FAX 03(3358)0037
URL https://www.kinzai.jp/

校正：株式会社友人社／印刷：文唱堂印刷株式会社

ISBN978-4-322-14247-1

創刊の辞

2011年3月、「KINZAI バリュー叢書」は創刊された。ワンテーマ・ワンブックスにこだわり、実務書より読みやすいが新書ほど軽くないをコンセプトに、現代をわかりやすく切り取り、かゆいところに手が届く、丁度いい「知識サイズ」に仕立てた。

ニュース解説に留まらず物事を「深掘り」した結果、バリュー叢書は好評を博し、間もなく第一作の「矜持あるひとびと」から数えて刊行100冊を迎える。読者諸氏のご愛顧の賜物である。

バリュー叢書に通底する理念は不易流行である。「金融」「経営」などのあらゆるジャンルに果敢に挑戦しながら、「不易」―変わらないもの―と「流行」―変わるもの―とをバランスよく世に問うことである。本叢書シリーズは決して色褪せない。それはすなわち、斯界の第一線実務家や研究者が現代を切り取り、コンパクトにまとめ、時代時代の先進的なテーマを鮮やかに一冊に落とし込んでいるからだ。次代に語り継ぐべき大切な「教養」や「斬新な視点」、「魅力溢れる人間力」が手本なき未来をさまようビジネスパーソンの羅針盤になっているものと確信している。

2022年12月、新たに「Legal」を加え、12年振りに「バリュー叢書L」を創刊する。不易流行は変わらずに、いま気になることがすぐにわかる内容となっている。第一線実務家や研究者はもとより、立案担当者や制度設計に携わったプロ達も執筆陣に迎えている。

新シリーズもまた、混迷の時代、先が見通せないと悩みながら「いま」を生き抜くビジネスパーソンの羅針盤であり続けたい。

加藤　一浩